セレクション社会心理学—21

ステレオタイプの社会心理学

偏見の解消に向けて

上瀬由美子 著

サイエンス社

「セレクション社会心理学」の刊行にあたって

近年、以前にも増して人々の関心が人間の「心」へ向かっているように思えます。「心」の理解を目指す学問領域はいくつかありますが、その一つ社会心理学においては、とくに人間関係・対人関係の問題を中心にして刺激的な研究が行われ、着実にその歩みを進めています。

従来から、これらの研究を広く総合的に紹介する優れた本は出版されてきましたが、個々のトピックについてさらに理解を深めようとしたときに適切にその道案内をしてくれるシリーズはありませんでした。こうした状況を考慮し、『セレクション社会心理学』は、社会心理学やその関連領域が扱ってきた問題の中から私たちが日々の生活の中で出会う興味深い側面をセレクトし、気鋭の研究者が最新の知見に基づいて紹介することを目指して企画されました。道案内をつとめるのは、それぞれの領域の研究をリードしてきた先生方です。これまでの研究成果をわかりやすいかたちで概観し、人間の「心」について考える手がかりを与えてくれることでしょう。

自ら社会心理学の研究を志す学生の皆さんだけでなく、自己理解を深めようとしている一般の方々にとっても大いに役立つシリーズになるものと確信しています。

編集委員　安藤清志　松井　豊

はじめに

本書は、ステレオタイプや偏見が作られる心理的理由、そしてどのようにそれを減らすことができるのかについて社会心理学の研究知見をもとに考えたものです。

相手の思い込みで判断された不快な経験、たとえば年齢や性別だけで能力の有無を判断されて納得いかなかったこと、初対面の相手に出身地や外見だけで勝手なイメージを作りあげられて困ったことなど、思い当たる人は多いと思います。他人がもっている思い込みや固定化されたイメージ（ステレオタイプ）で自分が決めつけられたとき、私たちはとても居心地の悪い思いをします。個性が無視されて、本当の自分が理解されていない感じがするからです。またこの思い込みが、悪意・憎しみ・軽蔑などの感情を伴った「偏見」になると、問題はより深刻になってきます。偏見はその対象となった人々を苦しめ、社会的差別といった問題を引き起こし、民族の争い、さまざまな犯罪などを生み出す原因となります。

社会心理学では、なぜ私たちがステレオタイプや偏見を抱いてしまうのか、そして、どのようにしたらそれを解消することができるのか明らかにしようと努めてきました。本書はこの中で提出されたさまざまな知見を紹介するものです。

本書では、ステレオタイプや偏見の問題について解説するにあたり、次の三点に留意しました。

第一にステレオタイプや偏見を、誰もが必然的にもってしまうものとしてとらえようということです。「偏見がかった人」と聞くと、多くの人は自分とは異なる、人格的に特殊な人と考えやすい傾向があります。極端な場合、「自分は偏見などもっていない」と思っている人も少なくありません。私たちは、自分に向けられたステレオタイプや偏見に敏感な一方で、自分自身の頭の中にも同様のものが存在していることには気付きにくいものです。しかし、確かに私たちはステレオタイプや偏見によって傷つけられることがありますが、同時にそれをもって他者を傷つけてもいるのです。本書では、ステレオタイプ・偏見が私たちの心の中に共通して存在していることを示すとともに、傷つけられる側の心理的苦境にも説明を加えました。

第二に、ステレオタイプや偏見は一度心の中に作られると、変えたり消したりするには、かなりの努力が必要という点です。自分では偏見をもたないように気をつけている人でさえ、偏った見方をしないことはとても難しく、一般にイメージされている以上にステレオタイプ・偏見は手ごわいものです。この点を、社会心理学のさまざまな研究結果をもとに改めて実感したいと思います。

第三に、偏見やステレオタイプを解消するためにどのような道が考えられるのかを、具体的研究例をもとに考えるという点です。これまでステレオタイプや偏見に関して書かれた心理学的な本は、どちらかといえばその形成や維持を解説するものが多かったように思います。しかし大学の授業などでステレオタイプや偏見の問題を取り上げると、学生から、「では自分たちには何ができるのか」「どうすればよいのか」という声が多く聞かれました。この本を手に取った方の中にも、同様の答えを求めている人がいるかもしれません。正直なところ、ステレオタイプや偏見を完全に解消するということは、人間の心の仕組みから考えるとかなり難しいことです。しかしこの問に答えようと、多くの研究者が解決の手がかりとなり得るような研究結果を提出しています。本書ではこれらの知見をできるだけわかりやすく紹介できるよう、多くのページを割きました。

なお文中に、人種などに関して同一の対象に異なる表現を用いている箇所があります（たとえば「黒人」と「アフリカ系アメリカ人」など）。これは元論文の表現をそのまま使用したためです。それぞれの表現には研究者個別の意図が含まれているため、あえて統一せずに使用しました。多少読みにくい部分があると思いますが、ご了承いただければ幸いです。

目　次

2 ステレオタイプ・偏見が生じる背景……15

3 ステレオタイプ維持のメカニズム……42

目　次

1・ステレオタイプ・偏見とは

仕事関係などで初対面に近い相手と会っている時など、本当はそんなこと訊いたってどうしようってことも無いんだけど、何でだか出身地の話になったりする。私が「青森です」と答えると、ほとんどの人は「はー青森ですか」と感心する。ま、これはたとえ青森が三重であっても熊本であっても同じリアクションが返ってくるものであろう。身の入っていない会話などこんなものである。そしてこの後に続く質問は「実家は何をやっているか」だ。私は「ガラス屋です」と答える。すると今度は「何で?」と不思議がる始末。確かにガラス屋はそんなにポピュラーな商売じゃないかもしれないけど、何で?と言われる筋合いはない。

どうもこの「何で?」というリアクションの裏には「何故、青森でガラス屋なのか。青森とガラスは関係ないじゃないか」という思考経路があるらしい。この人はバカな訳ではない。これはあくまでも瞬間の思考によるリアクションであり、この人だって少し考えればそんな理屈が目茶苦茶であることに気付く。しかし言い方を変えれば「何で?」は、理屈じゃなく本能が言わせたものであり、青森のガラス屋には生理的に納得いかんという事なのである。

じゃあ、そうゆう人たちを本能的に納得させる「青森における家業」とは何か。

それはりんご農家である。


（ナンシー関（著）『何をいまさら』より）

●ステレオタイプ

私たちは、ある地域の人が共通してある特徴をもっていると漠然と信じているフシがあります。その地域（たとえば青森）に住んでいても、その特徴（たとえばりんご農家）に当てはまらない人もいるのですが、それは無視してイメージが形成されているのです。地域に関すること以外にも、「女性は手先が器用だ」「ブラジル人はサッカーが上手い」など、ある集団の人々に対し、多くの人が共通したイメージをもっていることがあります。このような、人々を分けるカテゴリーに結びつき、そのカテゴリーに含まれる人が共通してもっていると信じられている特徴のことを「ステレオタイプ（stereotype）」といっています。

●カテゴリー

青森県人・女性・ブラジル人など、ある特徴をもつものを他から区別して分類するくくりのことをカテゴリーといっています。犬・本・テレビ、これらもすべてカテゴリーです。私たちの目の前にあるさまざまな物、それは一つ一つ異なる個別のものです。あなたが今手にしているもの、この「本」を考えてみましょう。本といっても、おのおのの本は大きさ・色・厚さなどはさまざまです。しかし私たちは、個々の本の中に類似の特徴を見つけ、その特徴に当てはまるものを「本」としてカテゴリー化（事柄をカテゴリーに当てはめること）しているのです。また、本とノートの形は似ていますが、私たちは表紙の様子やその厚さから、両者を区別しています。このように、差異化することでも、そのカテゴリーの特徴が明確になります。類似性と差異性にもとづいて対象をカテゴリーに割り当てることによって、より正確にその物をとらえることができるようになるのです。

そして、このカテゴリー化は人間を判断する際にも用いられます。私たちは毎日出会う人、すれちがう人、その一人一人がどのような人物でどのように対応すればよいのかをそのつど、すばやく判断しています。エレベーターに乗り合わせた人を、「男性」とか「若者」などと瞬時にカテゴリー化して判断しているのです。一般に人を分けるカテゴリーの中では、性別や年齢あるいは人種といった外から見てわかるものが多く使われますが、冒頭のエッセイの場合には「青森県出身」という出身地が手がかりになったわけです（カテゴリー化の詳細については2章を参照）。

●カテゴリーとステレオタイプ

先に述べたように、人を分けるカテゴリーには、「ステレオタイプ」が結びついている場合があります。いいかえると、あるカテゴリーで人を分けたときにそこに含まれる人が皆、ある特徴をもっているようにイメージされることがあるのです。たとえば「青森県人」というカテゴリーに結びつく「りんご農家」という特徴、これがステレオタイプです。ステレオタイプにはさまざまなものがありますが、社会心理学の中でもっとも多く研究されているものは国や人種に関するステレオタイプです。これは「日本人は～である」「中国人は～である」といった形でよく人々の口にのぼります。また「女は～である」「男は～である」といった、性別に関わる性ステレオタイプも多く研究されています。ステレオタイプはその他、外見に関すること、職業に関すること、年齢に関することなど無数に存在しています。

●思考の節約

このステレオタイプという言葉は、現在では一般的な用語として用いられていますが、もともとはアメリカのジャーナリストであるリップマン（一九二二）によって命名されたものです。彼の著書『世論』には、次のような記述があります。

「われわれはたいていの場合、見てから定義しないで、定義してから見る。外界の、大きくて、盛んで、騒がしい混沌状態の中から、すでにわれわれの文化がわれわれのために定義してくれているものを拾い上げる。そしてこうして拾い上げたものを、われわれの文化によってステレオタイプ化されたかたちのままで知覚しがちである。」（リップマン 掛川（訳）一九八七）

リップマンは、情報過多で多様な現実社会とつきあうために、ステレオタイプを必要なものととらえています。近代的な生活は多忙で多種多様な煩雑さをもっているため、人々が親しく知り合うだけの時間も機会もありません。そこで私たちは、相手がどのような人かをすばやく判断する際の手がかりとしてステレオタイプを用いるのです。すべてのものを、類型（タイプ）あるいは一般性としてとらえてしまえば、思考する努力を「節約」できるというわけです。リップマンが指摘しているように、ステレオタイプにはこの世界を単純化し整理してとらえるという機能、つまり認知的機能があります。このために私たちは、無意識のうちにこのステレオタイプで人を判断してしまうのです。

またステレオタイプは「紋切り型」「固定観念」と訳される場合があるように、単純化されて柔軟性を失っていることが多くあります。そのカテゴリーに含まれる人が皆その特徴をもっているかのようにイメージされると同時に、当てはまらない人と出会っても例外として扱われてステレオタイプ自体はなかなか変化しないのです。このため、この型にはまったイメージが思い込みとして社会のさまざまな問題につながってきます。

ただし、ステレオタイプを知識としてもっているからといって、必ずこれを用いて他者を判断すること（ステレオタイプ化）につながるわけではありません。「青森人といえばりんご農家」というステレオタイプを知識としてもっていたとしても、青森県出身者を前にして「りんご農家の人」と思わない人も多いでしょう。ただしこの固定化されたイメージは、相手を判断する際に自動的に生じやすく、他者判断に影響を与えることも、また知られています（3章参照）。

●偏　見

冒頭であげた地域ステレオタイプは、どちらかというと会話のきっかけとして用いている人が多く、ＡＢＯ式の血液型で人を分ける血液型ステレオタイプなども同様に娯楽として多く用いられています（松井と上瀬　一九九四）。「○○県出身だから……でしょう」「Ａ型だから……でしょう」と決めつけられたほうは不愉快ですが、目くじらを立てるほどのことではないのかもしれません。

しかしステレオタイプの中には、単純なイメージのみで存在している場合と、否定的評価や感情を伴っている場合とがあります。この否定的評価や感情を含んだ場合に、知識は「偏見（prejudice）」となってきます。「日本人だからずるい」「女だから頭が悪い」「男だから汚い」などと言われたら、そこに当てはまった人は、非常に不愉快な思いをします。地域や血液型に関しても、「××県の人って、ケチだよね」「×型の人って、自己中心的で嫌い」となれば、否定的感情を伴った偏見の一つです。ステレオタイプに関しては、人種や性に関わるものが数多く研究されていますが、それは人種偏見や性差別といった深刻な社会問題につながっているからです。

●態度研究とステレオタイプ・偏見

社会心理学で古くから行われてきた研究分野の一つとして、態度研究があります。態度（attitude）とは、体制化された心の準備状態で、対象に対する行動を方向づけたり変化させるものとされています。態度は、認知成分・感情成分・行動成分の三つに分けて研究されてきました（ローゼンバーグとホブランド 一九六〇）。認知成分とは「○○さんは背が高い」など対象についての意見や信念から成っています。感情成分とは「○○さんは良い人」「好き」など、対象に対する評価や感情から成っています。行動成分とは「○○さんと遊びに行きたい」など、対象へどのように働きかけるかという行動意図や傾向から成っています。この態度の古典的な成分に対応させると、ステレオタイプは認知成分、偏見は感情成分と整理されます。偏見を態度の三成分（認知・感情・行動）を含むものとしてとらえる考え方もありますが、本書では、ステレオタイプを認知成分、偏見を感情成分とする従来の枠組をふまえ、ステレオタイプに否定的な感情や評価が結びついた場合を「偏見」としてとらえたいと思います。

●差　別

ところでステレオタイプや偏見と似た言葉に「差別（discrimination）」があります。差別とは、ある社会的集団の成員に対して選択して行う否定的行動です。先の態度研究に位置づけると差別は行動成分にあたり、ステレオタイプや偏見がもとになった否定的判断が相手に対する行動として現れた場合と考えます。日本では、日本国憲法第三章第十四条に以下のような記述があります。「すべて国民は、法の下に平等であって、人種、信条、性別、社会的身分又は門地により、政治的、経済的又は社会的関係において、差別されない。」また、日本も批准している国際連合の人種差別撤廃条約には、次のような記述があります。「この条約において、「人種差別」とは、人種、皮膚の色、世系又は民族的若しくは種族的出身に基づくあらゆる区別、排除、制限又は優先であって、政治的、経済的、社会的、文化的その他のあらゆる公的生活の分野における平等の立場での人権及び基本的自由を認識し、享有し又は行使することを妨げ又は害する目的又は効果を有するものをいう。」

一九九九年に、外国人であることを理由にブラジル人女性を店から追い出そうとした宝石店経営者が、人種差別撤廃条約に違反しているとして訴えられ、裁判の結果、店側に賠

「外国人入店差別は不法」
個人行為に条約適用
静岡地裁支部　店側に賠償命令

外国人であることを理由に宝石店から追い出そうとした行為は人種差別撤廃条約に違反するなどとして、静岡県浜松市在住のブラジル人女性記者、アナ・ボルツさん（35）が同市内の宝石店経営者らに百五十万円の損害賠償を求めた訴訟の判決が十二日、静岡地裁浜松支部であり、宗哲朗裁判官は経営者側に計百五十万円の支払いを命じた。

宗裁判官は判決理由の中で、「条約は憲法優位の下、わが国でも国内法としての効力を有する」と判断、人種差別撤廃条約を間接的に適用し「今回のケースでは個人に対する不法行為があった」と述べた。

原告側代理人によると、同条約を根拠に個人間の差別行為を認定したのは初めてという。外国人の定住化が進む中、差別をめぐる訴訟が今後増え、同条約を批准した政府も、外国人差別に対するきめ細かな防止策を迫られそうだ。

判決によると、ボルツさんは九八年六月十六日朝、宝石店でネックレスなどを見ていて、経営者から出身地を尋ねられ「ブラジルから」と返答。経営者は「立ち入り禁止だ」などと言って「外国人の入店は固くお断りします」などと書いた張り紙を指さした。

さらに経営者が「出店荒らしにご用心」と題した浜松中央署作成のビラを突きつけるなどして店から追い出そうとしたため、ボルツさんはその場で抗議した。

図１　人種差別撤廃条約違反を扱った新聞記事
（日本経済新聞，1999年10月12日）

償命令が下されるという事件がありました（図1）。この事件では、店主が取った行動が差別であり、人種差別撤廃条約に違反していると判断された訳です。

このような差別的行為はもちろんのこと、現代の日本社会では偏見をもっていることを公言することは、好ましくないと考えられています。しかしその一方で、性・年齢・外見・学歴・職業などに関してさまざまなステレオタイプ・偏見が依然として存在しているのも事実です。このことが、人を判断する際に隠された形でステレオタイプや偏見が表明されるという、微妙な問題につながっています（2章・4章参照)。

●ステレオタイプは現実を反映させているのか?

この本では以降、さまざまなステレオタイプ・偏見を扱っていきますが、それにあたりステレオタイプは現実を反映させているのか、という問題について初めに少しだけふれておきたいと思います。ステレオタイプ研究が始まった当初、その正確性について強い関心がもたれてきました。当時の研究者の中には「真実の核(Kernel of Truth)」という考えを支持したものもいました。これは、多くの人が信じているステレオタイプなのだから、それぞれに少しは事実が反映されているのではないかという主張です。このため、実際のステレオタイプが事実であるかについて数多くの研究がなされることになりました(正確性に関する研究レビューとしては、ジャッドとパーク 一九九三 などを参照)。

正確性判断のむずかしさ

しかし正確性の問題は、最近では中心的なテーマではなくなっています。その理由の一つは、ステレオタイプの正確性の判断が実は非常に難しいことにあります。ステレオタイプの中には、内容が漠然としていて指標そのものを提出することが難しい場合が多くあります。たとえば「最近の若者はワガママだ」といったステレオタイプの正確性を検討するには、ワガママな傾向を測定する必要がありますが、ここでワガママとはどのようなことをいっているのでしょうか。ワガママといった特性の評価には価値観が入っています。たとえば集団行動を好まないといった傾向は、集団規律を好む人たちにとってはワガママとして否定的に評価されるかもしれません。しかし、自分独自の世界を大切にする人たちにとっては、同様の傾向はワガママとは映りません。同じ行動をしても受けとめる人の価値観によって、判断が異なってしまうのです。それをどうやって測定し、誰と比較すればよいのでしょうか。

ステレオタイプ化の問題点

そして一番考えなければならないのは、どのようなステレオタイプであっても、個々人の特徴を考慮せずに、頭からステレオタイプを当てはめて判断すること、すなわち「ステレオタイプ化」することによって問題が生じるという点です。そもそもステレオタイプは、カテゴリーに伴う固定化されたイメージですから、そのカテゴリーに含まれる人すべてがその特徴をもっているとは限らないわけです。青森県のりんごの生産高は確かに日本一ですが、青森県出身の人の実家がすべて「りんご農家」とはいえないのと同様です。しかし後述のように、私達は一度ステレオタイプを形成してしまうと、そのカテゴリーに含まれる人に出会うと、ステレオタイプを自動的に活性化させてしまいがちです（青森県の人と聞くと、リンゴ農家の人とパッとイメージしてしまう）。そしてステレオタイプに一致しているものとして、個性を無視して人を判断してしまいやすいのです。別な例をあげれば、若者はワガママだとイメージしてしまうと、目の前にいる一人の若者の真の姿や個性が無視されて、単に若いというだけでワガママだと判断されてしまいやすいことになります。

こう考えると正確なステレオタイプは良いけれど、不正確なステレオタイプはいけないということではなく、そもそもステレオタイプ化すること自体に、他者を画一的に判断してしまい、正確に判断できないという危険性が含まれていることがわかると思います。

さらにステレオタイプや偏見は、そのカテゴリーに含まれた人々の心にも否定的な影響を与えてしまいます。4章で詳しく述べますが、否定的ステレオタイプを抱かれる対象になると、私たちは自分がステレオタイプ的に扱われるかもしれないという不安を常に抱えたり、自己評価が不安定になりやすかったり、自尊心を守るために達成への努力を放棄してしまうことがあります。これらは、ステレオタイプや偏見の対象となった人が、そうでない人と比べて不利な立場におかれることを示しています。

現在の社会心理学では個々のステレオタイプの正確性を個別に扱うというよりも、ステレオタイプが一般にどのような仕組みによって形成され、維持されてしまうのか、ステレオタイプ化はどのような形で生じるのか、ステレオタイプ化や偏見を低減させるにはどうしたらよいのかなどに多くの関心をよせています。本書でも各ステレオタイプの正確性を個別に検討することは行いません。ステレオタイプ・偏見が全体としてどのような心理的背景から生じているのか、どのような性質をもっているのか、そしてどのように低減・変容していくのかを扱うこととします。

それではまず次の章では、ステレオタイプや偏見がどのような心理的背景の中から生じているのかを考えてみたいと思います。

2・ステレオタイプ・偏見が生じる背景

社会心理学では、なぜ人がステレオタイプを抱いたり、偏見をもって他者をみてしまうのかを明らかにしようとさまざまな研究を行ってきました。本章では、現在までに検討されてきた研究を、「個人差に注目した研究」「認知傾向に注目した研究」「集団と集団の関係に注目した研究」の大きく三つの流れから紹介してみます。

●個人差に注目した研究

ステレオタイプ・偏見の研究は古くから行われていますが、その初期には個人のパーソナリティ（性格）が原因として注目されていました。研究が活発化した背景には、第二次世界大戦時のホロコーストの悲劇があります。なぜ当時のドイツ人はユダヤ人に対して強い偏見を抱いたのか。このような残忍な行為を行った人はどういった特殊なパーソナリティをもっていたのかを明らかにすることに関心が集まったのです。

権威主義的パーソナリティ

一九四〇〜一九五〇年代に偏見や反ユダヤ主義の根本にあるものとしてもっとも注目されたのが、権威主義的パーソナリティでした。権威主義的パーソナリティとは、自分の所属する集団や権威に対して盲目的に同調・服従する一方、他集団や弱者に対して敵意をもち服従を求める性格特性です。典型的にイメージされるのは、ヒトラーやその命令に従って虐殺を行った人々の性格です。フロム（一九四一）は、ファシズムが台頭した当時、ドイツ国民の多くが権威主義的パーソナリティを有していたと述べています。第一次世界大戦によってそれまでの経済体制や社会的秩序が崩壊してしまい、当時のドイツ社会は混乱し、人々は個人の無意味さを感じていました。この無力感から逃れるために、人々は強いものに服従して個人的自我を捨て、その一方でユダヤ人（ヒトラーらが自分たちより下位のものとして提示した対象）を支配することで自分を満足させようとしたと、フロムは分析しています。このような権威主義的パーソナリティをもつものは、思考形態が堅く、「ユダヤ人は〇〇だ」という風に、ステレオタイプ化して相手を判断する傾向があるとされています。

アドルノら（一九五〇）は偏見と権威主義的パーソナリティの関連を大規模に検討して

います。彼らはフロイトの心理力動モデルにもとづき、権威主義的パーソナリティは両親からの育てられ方によって形成されると考えました。彼らの考えは次のとおりです。不安を高くもつ両親は、子供を権威主義的に育てます。別の言い方をすると、子供に対して支配者として振るまい、子供には服従・同調・従順・親に対する疑問のない尊敬をもつように厳しくしつけます。子供は親に対する怒りをもちますが、それを表明することはできず、逆に抑えることを学びます。この中で、無意識の欲求が緊張を生じ、それが外集団（自分の仲間ではない人たち）に対する否定的な衝動に投影されるというのです。また権威主義的パーソナリティをもつ人は、両親の厳しく因習的なしつけによって、ものの見方に柔軟性がなくなり、世界を「正しい」「間違っている」、他者を「良い」「悪い」という単純な視点でのみとらえがちになります。その結果、両親をはじめとする権威には過剰な敬意を示す一方で、外集団には極端な敵意を示します。そしてどんな問題も、原因は外集団にあり自分たちには何も悪いところはないと判断すると、アドルノらは考えました。このように権威主義的パーソナリティ研究では、偏見は個人の心理的機能の異常とみなされています。

権威主義的パーソナリティをもつ人の研究は、現在も行われており（たとえばレイ　一九八〇a、b、レイとラヴジョイ　一九八三）、権威主義的パーソナリティを測定するF尺度（ファシズム傾向尺度、アドルノら　一九五〇）は偏見やステレオタイプの強さを測定する指標の一つとしても用いられてきました。わが国でもたとえば詫摩と松井（一九八五）が血液型ステレオタイプを信じている人には権威主義的な傾向が強いことを指摘しています。

現代の人種差別

現代ではアドルノらがF尺度を作成した当時と比べて、人種偏見を表明することは社会的に適切でないという規範が広く普及しています。このため露骨に表明されない形での人種ステレオタイプや偏見の個人差を新たに測定する尺度なども検討されています。この隠された形でのステレオタイプや偏見は、現代的偏見（modern prejudice、マッカーシー 一九八一、マッカーシーとホー 一九七六など）とか、回避的偏見（aversive prejudice、ガートナーとドヴィディオ 一九八六など）といった新たな研究文脈から説明や測定が試みられるようになっています。

権威主義的パーソナリティ理論の問題点

ステレオタイプや偏見を個人のパーソナリティにおく考えは非常にわかりやすく、魅力的です。偏見がかった人は特殊な人と考えることで、世の中にある辛い出来事を自分とは無関係なことと位置づけて納得できるからです。ただ、この考えを受け容れると、ステレオタイプの変化や減少はあまり望めません。

なぜなら、その解消や変容には心理療法が必要となるからです。しかし、自分から心理療法を受けようとする権威主義者はたぶん存在しないし、内省的でない彼らを変えることは非常に困難と考えられます。

権威主義的パーソナリティ理論は、一九五〇年代に広く支持された考え方ですが、その後反論が提出されるようになりました。批判の多くは、F尺度の妥当性の問題でした。しかしもっとも中心的な問題点の一つは、個人のパーソナリティがステレオタイプ形成の中核にあるという考え方そのものにあります。このような個人レベルの理論では、偏見の社会的・地方的差が説明できないことが次々に指摘されていったのです。たとえば、個人の偏見的態度がパーソナリティによって決まるという考えからは、状況によって偏見傾向が変化することをうまく説明できません。また国や人種に対するイメージは、国同士の関係や社会情勢を背景として、時代によって大きく変化します。他民族が共存していた国が民族紛争で分裂したようなとき、民族間にこれまでにみられなかった強い偏見が抱かれることなどはよく知られた現象です。個人の性格が急に変化するわけではありませんから、なぜこのようなことが生じるのかは個人差に注目する視点のみでは十分説明することはできません。

●認知傾向に注目した研究

次にステレオタイプ・偏見を生じさせる背景を考える第二の視点として、認知傾向に注目した研究を紹介します。この知見では、私たちの認知のメカニズム自体に、ステレオタイプや偏見を形成しやすい特徴があると考えています。人間が生活していくときには、毎日さまざまな人に出会い、さまざまな経験をしていきます。その中で私たちは、その一人一人がどのような人物で、自分にとってどのような意味があり、どのように対応すればよいのかをそのつど、すばやく判断しています。そしてこの処理過程の中にこそ、ステレオタイプが生じる原因があるとこの理論は考えているのです。ここでは、どんな人でも他者をステレオタイプ化してとらえる傾向をもっていることを強調しています。

カテゴリー化

私たちの住む世界は多様で混沌としていますが、カテゴリー化によってそれが主観的に単純化され、整理され、知覚できるようになっています。カテゴリーにあてはめて対象を知覚するというカテゴリー化の過程は、人間の知覚全般に関わるもので、外界への適応のために必要不可欠です。図2を見てください。

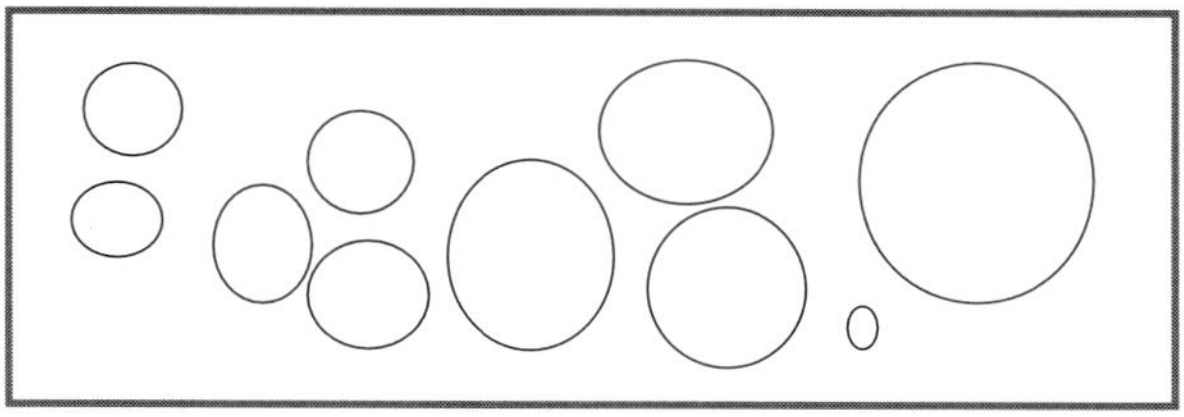

図2　カテゴリー化前

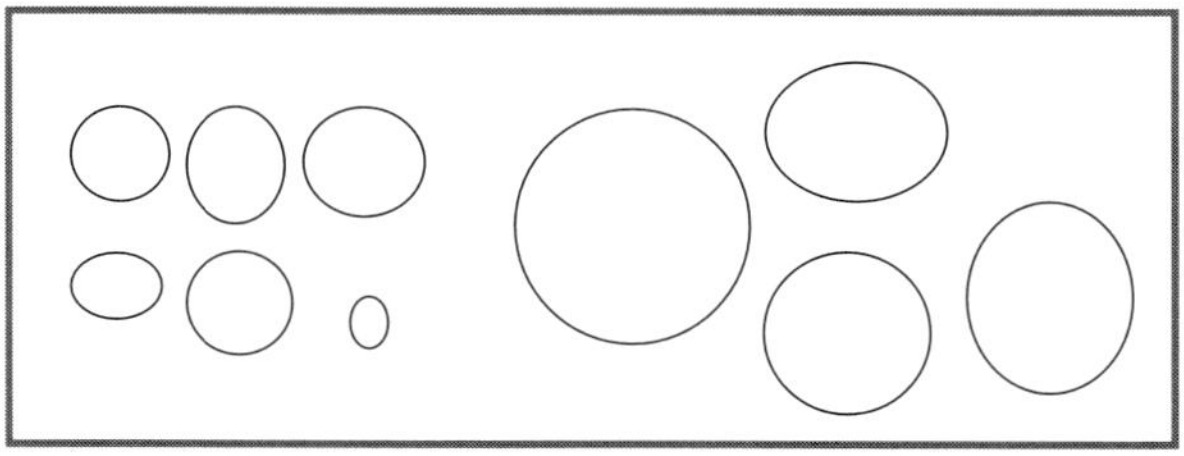

図3　カテゴリー化（1）

この図の中にはさまざまな円がありますが、「いろいろな円がある」というだけでは状況を把握しにくいし、記憶もされにくいでしょう。ではこれを「大きい円が四個」「小さい円が六個」あると考えたとします。この時点で、私たちの頭の中では、図3のように円の大きさをもとにカテゴリー化が行われています。単純に複数の円があるという認知から、大きい円と小さい円があるととらえることで、より整理された認知になっています。

このカテゴリー化の過程は、私たちが毎日の生活でさまざまな人に出会うときにも生じています。私たちの住む社会は、民族・宗教・職業・年齢など、さまざまな社会的カテゴリーによって構造化されています。社会的カテゴリーを使用することによって、私たちは外界を単純化し、秩序だてて把握することができるのです。

これまでの研究から、人を分類するカテゴリーとしてもっとも利用されやすいのは人種カテゴリー・性別カテゴリー・年齢カテゴリーであることが知られています（ホラウィッツとホラウィッツ 一九三八など）。これは、視覚的に伝達されることと、実際に社会的に大きな意味をもった有効なカテゴリーになっていることが関連しています。ただし、どのようなカテゴリーが用いられるのかは、状況によって違います。たとえばスタンゴァとフォード（一九九二）は、カジュアルな服装やフォーマルな服装をした男女の写真を被験者に見せると、そのままだと性別カテゴリーに注目しやすいけれど、「メディアの代表者を選ぶ」という課題にすると服装スタイルをカテゴリーとして使用しやすいことを示しています。

差異の強調と類似の強調

では、このカテゴリー化がステレオタイプ・偏見にどのように関連するというのでしょうか。ここにはカテゴリー化によって生じる、別のカテゴリーに含まれた人はお互いに実際よりも異なって見え、同じ

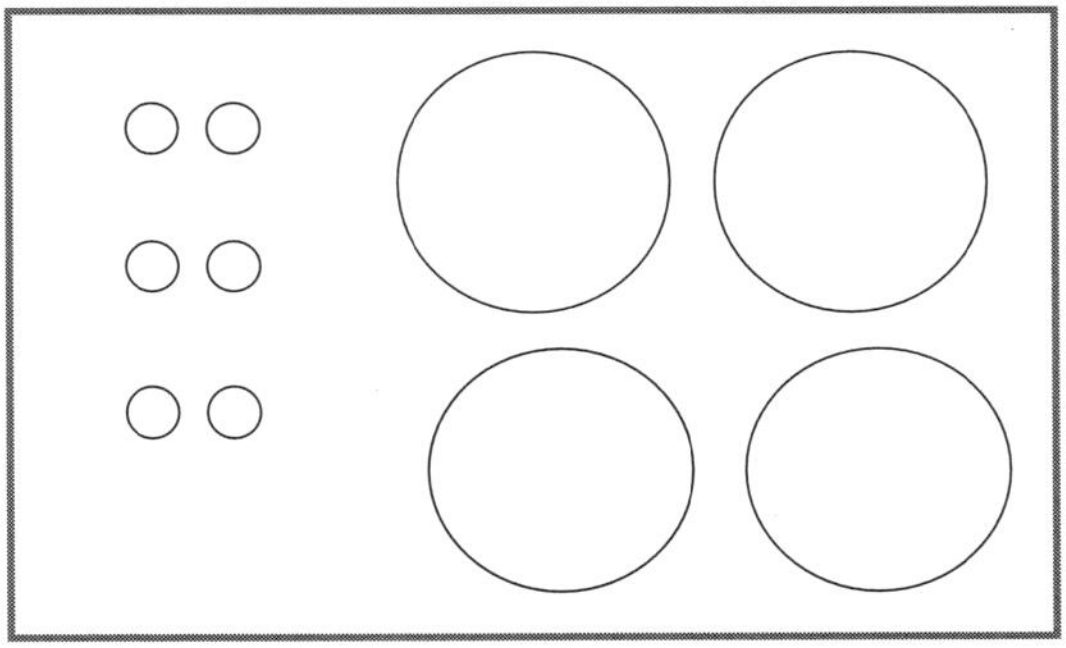

図4　カテゴリー化（2）

カテゴリーに含まれた人は実際よりも類似して見えるという現象が関わってきます。これは「カテゴリー間差異の認知的強調」と「カテゴリー内差異の縮小」といわれています。先ほどの図3では、大きい円の中にも小さめのものが、小さい円の中にも大きめなものがありました。しかし一度、「大きい円」「小さい円」というカテゴリーでくくられてしまうと、図4のような形でとらえられる傾向があるのです。先の図3と比較すると、大きい円が全体として均一に大きい円に、小さい円は均一に小さい円になっています。これは、大小というカテゴリーにもとづいて大きさの差がより強調され、また同じカテゴリーに含まれたものは同じような大きさをしていると類似が強調されてとらえられてしまうためです。

強調効果の実験例

強調効果について検討した有名な研究に、タジフェルとウィルクス（一九六三）の線分の知覚課題実験があります。ここで被験者は、少しずつ長さの違う八本の線を一本づつ、数回見せられます。このとき線分に振られるラベルの種類によって被験者は三つの条件のいずれかに割り当てられます。線分ラベル条件では、短いほうの四本にラベルA、長いほうの四本にラベルBというラベルを線の上に貼った形で、提示されます。長さ無関係条件では、長さに無関係にABというラベルが貼られます。ラベルなし条件では、線分にラベルは貼られません。被験者はこの線の長さを繰り返し判断します。タジフェルとウィルクスは、被験者が答えた線分の長さが実際よりもどのくらいズレたかを分析しました。図5は、隣り合う線分間の長さの差が、実際とどのくらいズレて判断されたのかを示したものです。長さ無関係条件とラベルなし条件の回答傾向が似ていたため、ここでは両者を合わせた結果が、統制条件として分析対象になっています。

図5をみると、線分ラベル条件では、線分4と線分5の間に実際よりも差があると判断されやすい傾向があることがわかります。線分4と5の間というのは、ラベルA（短い四本のラベル）の中でもっとも長い線分4と、ラベルB（長い四本のラベル）の中でももっとも短い線分5の間ということです。一方、統制条件（長さ無関係条件とラベルなし条件）

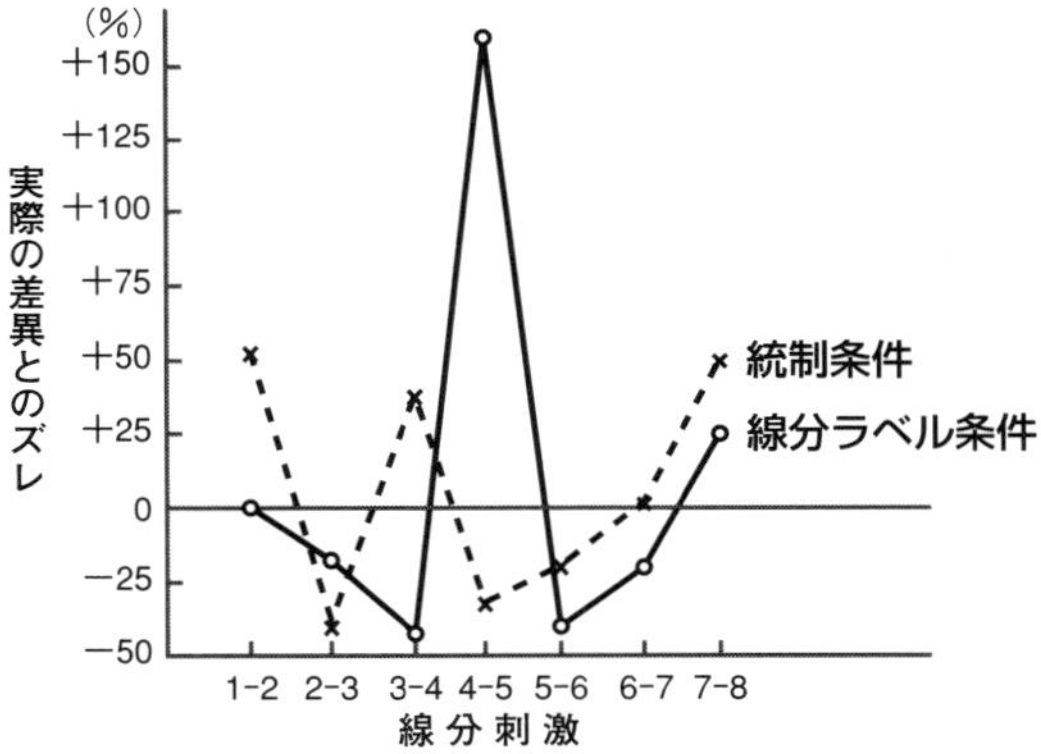

図 5　知覚された線分の長さのズレ（タジフェルとウィルクス，1963）
値は，知覚された線分の長さの中から隣り合う線分の長さを取り出しその差を求め，実際の線分の長さの差と比較して何％長く（短く）知覚したかを示している。たとえば線分ラベル条件の場合，線分 1 と線分 2 の差は実際とほぼ同様の長さの差として知覚している（ズレが 0 %）。しかし線分 4 と線分 5 の差は，実際の差よりも1.5倍以上大きく知覚されている。

ではこのような強調効果はみられませんでした。

ラベルAは長い線分、ラベルBは短い線分というカテゴリー化が行われると、カテゴリーに伴う特徴（長い・短い）が極端化して認知されやすく、このためラベル条件ではカテゴリーの異なる線分間の長さの差が大きくなったとタジフェルたちは考えています。この傾向は、人が一度カテゴリー化を行うと、中に含まれる個別事象について実際よりも特徴を極端化して認知する一般的な傾向と解釈できるでしょう。

社会的カテゴリーと強調効果

強調効果は、人間に対しても同様にみられます。ある社会的カテゴリーに含まれる人が特定の属性をもつ傾向にあったとき、私たちはカテゴリー化の過程をとおして、カテゴリーと属性の関連を極端化して認知しやすいのです。

人がこのような認知傾向をもつ結果、一方の社会的カテゴリーに属する人々は他方とは異なる性質をもち、かつ同じ社会的カテゴリーに属する人すべてが共通の属性をもっているかのようにイメージされることになり、これがステレオタイプの基礎となります。

内集団と外集団

加えて人を分けるカテゴリーの場合に重要なのは、そこに必ず「自分が含まれる集団」「自分が含まれない集団」という視点が存在することです。人間は社会的動物ですが、人が集団を形成していく際には必ず自分が含まれる「内集団」と、自分が含まれない「外集団」が生じてきます。日本語では仲間集団を示すときに、「ウチらは……」とか「ウチの家族は……」といった表現が用いられます。この「ウチ」にあたるのが内集団です。一方、自分の仲間とは異なる人々を指すときに、「ソトの人」といった表現が使われます。ガイジンという表現も、日本人を内集団としたときのソトの人という意味になっています。このときの「ソト」にあたるのが外集団です。

外集団均質性効果

この内集団と外集団に分けることが、それぞれの印象について違いを生じさせることが知られています。その一つが、外集団の人たちは「皆同じ」と思われやすいという傾向です。みなさんは、「最近の若い子は皆同じ格好で区別がつかない」などという台詞を聞いたことがあるのではないでしょうか。たいていこれは、「若い子」とは年齢的にかけ離れた、大人の言葉です。これは、大人たちが若者を「外集団」として把握しているために、若者たち、つまり外集団の成員を等質なものとして認知してしまうためです。若者のファッションがさまざまで個性的であっても、「皆同じ」と均質に思ってしまうのです。逆に、若者からも「オジサン（オバサン）は皆、同じ格好をしている」など、大人を画一的に見なす発言が聞かれる場合があります。これも大人を「外集団」として把握するために、均質に認知しているのだといえます。このように外集団のばらつき（変動性）を、内集団のばらつきよりも小さくとらえる傾向のことを、外集団均質性効果といっています。

外集団均質性効果の実験例

唐沢（一九九六）は「名古屋人ステレオタイプ」「大阪人ステレオタイプ」を題材にして、外集団均質性効果について検討しています。まず、各地域住民について一般に典型的と思われている行動について述べた文章をたくさん作成します。たとえば名古屋人であれば「家柄・格式を重んずる」「中日ドラゴンズを応援する」、大阪人であれば「金銭感覚が鋭い」「早口」などです。さらに、これらと逆の行動（非典型的行動）を記述した文章も作成します。これらの文章を混ぜて行動文セットを作成し、名古屋在住の学生と大阪在住の学生に配布しました。そして、「名古屋」「大阪」各地域の行動文が、名古屋の人・大阪の人の何％に当てはまるかを推定するよう求めました。その結果は、図6に示すとおりです。名古屋の学生は、典型的な行動をとる名古屋人を少なく、典型的行動をとる大阪人を多く判断しています。逆に大阪の

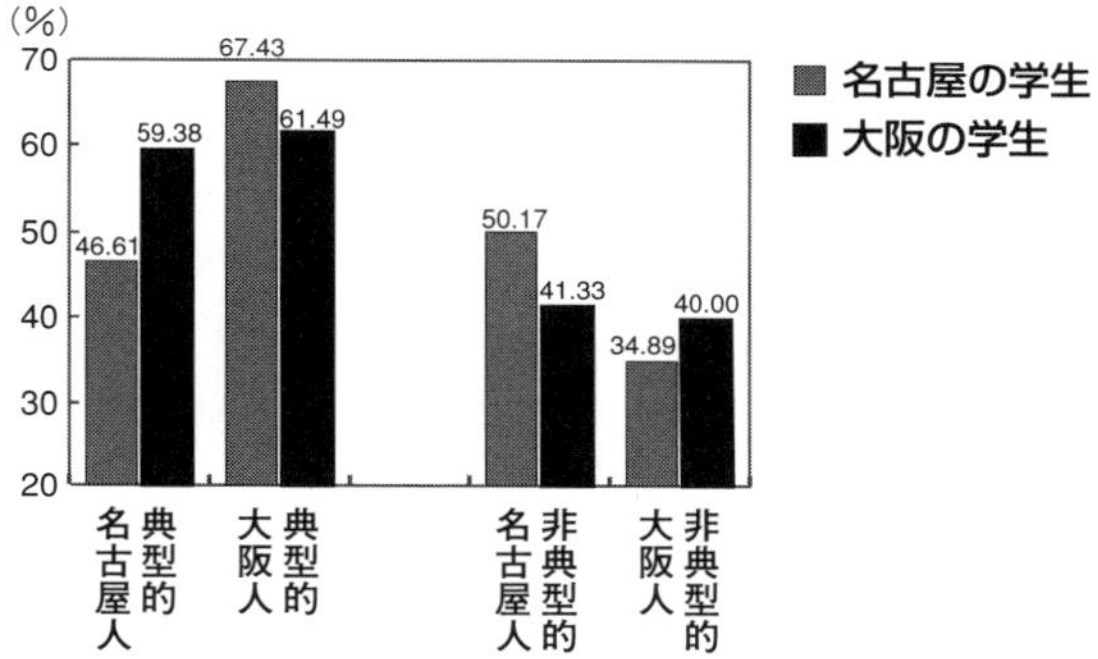

図 6　名古屋人と大阪人の典型的行動の割合判断（唐沢，1996）

典型的（あるいは非典型的）な名古屋人・大阪人の記述が，実際の何％に当てはまるかを推測した数値の平均。なおこの実験では，行動文セットを 2 種類作成しているが，結果は同様のものとなっている。ここでは，「行動文セット 2」を使用した際の結果を載せた。

学生は、典型的な行動をとる大阪人を少なく、典型的行動をとる名古屋人を多く判断しています。

この実験場面において、名古屋の学生にとっては大阪人が外集団、大阪の学生にとっては名古屋人が外集団です。外集団についてみたときのほうが、典型事例はより多く、非典型事例はより少なく見積もられていたことになります。この結果は、外集団が内集団よりも均質に認知される傾向を確認しています。内集団成員については、典型・非典型の両種類からなる認知表象がなされるのに対し、外集団の成員については典型事例で集団全体を代表させてしまうような認知表象が行われてしまいやすいのです。これは外集団は典型事例、すなわちステレオタイプで代表されるため、画一的な判断がなされやすいといいかえられます。

錯誤相関

もう一つ、ステレオタイプや偏見の形成に関連する認知傾向として、錯誤相関（illusory correlation）が知られています。これは、ある集団の成員であることと、特定の性格や行動傾向をもつこととは本当は関係がないのに、あたかも相関関係が存在するように思えてしまう錯覚のことを指しています。

例をあげてみましょう。ある学生はアパートの管理人さんに「若者」というだけで「ゴミ出し日を守らない」と思い込まれていて、別の人が出したゴミのせいでいつも理不尽な文句を言われています。実際にこのアパートでは、ゴミ出しがきちんと守られていないようですが、違反しているのは若者だったり家族世帯だったりさまざまらしいのです。つまりゴミ出しのトラブルは、住人が若者か否かに関係なく生じた問題だったといえます。しかも住人のほとんどは家族世帯なので、ゴミ出しのトラブルの大半は家族世帯によって生じていました。しかし管理人さんは「若者＝きちんとゴミ出しをしない」というイメージを強烈に抱いてしまっていて、その学生の行動だけに目を光らせています。客観的に見れば、管理人さんの判断は間違っているのですが、このような判断傾向は人間に広くみられる「錯誤相関」にあたります。

錯誤相関の研究では、この現象が生じるのは少数事例と少数派成員は共に目立ちやすく、この両者の同時生起が記憶されやすく、想起されやすいために実際より大勢に感じられるためだとしています。このアパートでは家族世帯が大半で、若者は少数派でした。若者は少数派なので目立ちます。そしてゴミ出しを守らないという行為も、管理人さんの目をひく行動です。若者がゴミ出しを守らなかったという出来事が印象に残り、管理人さんは若者と望ましくない行動との間に錯誤相関を形成したのだと考えられます。

錯誤相関の実験例

この現象を実験で示した研究に、ハミルトンとギフォード（一九七六）があります。彼らは次のような実験を行いました。被験者は、「A集団のジョンは、友人を見舞いに病院に行った」といった文章を数多く見せられます。この文章では、登場人物がA・Bどちらかの集団に属しているかと、社会的に望ましい行動・望ましくない行動どちらかをしたことが記述されています。このとき実際に提示された文章の数は、表1の上段に示す内訳になっています。A集団の登場人物の数はB集団の二倍になっています。また、望ましい行動と望ましくない行動の割合は、どちらの集団も同じく九対四になるように設定されています。つまり、成員が行う行動の望ましさ

表1　提示された文章の数と回答の差異（ハミルトンとギフォード，1976）

【実際に提示された文章の数】

	望ましい行動	望ましくない行動
A集団	18個	8個
B集団	9個	4個

被験者に示された文章は，計39個。この表はその内容の内訳を示している。

【被験者が回答した文章の平均値】

	望ましい行動	望ましくない行動
A集団	17.5個	5.8個
B集団	9.5個	6.2個

は等しくしたままで、A集団が多数派、B集団が少数派となっているのです。さてすべての文章を読んだ後で被験者は、「●集団のジョンは、友人を見舞いに病院に行った」などの文章を提示され、それがA集団だったか、B集団だったか回答するように求められます。被験者の回答の平均は、表1の下段に示す結果になりました。望ましい行動については、A集団・B集団共に実際に提示された文章数とそれほど異なりません。しかし、望ましくない行動については、少数派のB集団のほうが所属集団として多く回答されており、実際に提示された文章の数との差が目立っています。

これについてハミルトンらは、少数事例（この実験では望ましくない行動）と少数派成員

（この実験ではB集団成員）は共に目立ちやすく、この両者の同時生起が記憶されやすく、想起されやすいために実際より大勢に感じられるとしています。この実験では少数事例を望ましくない行動にしていますが、少数事例を望ましい行動に変えて実験しても、少数事例（望ましい行動）と少数派成員の結びつきが実際よりも多く回答されることが示されています（ハミルトンとギフォード 一九七六）。

少数派というだけで

この現象からは、単なる少数派であることが、ステレオタイプや偏見の原因になりうる可能性が示唆されています。一般に、少数民族には否定的なステレオタイプや偏見が抱かれやすいのですが、これは少数派の一部が目立つ行動（とくに社会的に望ましくない否定的な行動は目立ちやすい）をすると、その行動と所属集団が関連づけられてしまう錯誤相関のためと解釈できます。多数派が同じことをしても注目されないのに、少数派は単に目立ちやすいというだけで、行動を起こした原因がその集団の特徴のように思われてしまい、ステレオタイプが形成される可能性があるわけです。

●集団関係とステレオタイプ・偏見

ステレオタイプ・偏見が形成される背景について扱った第三の知見は、これを「集団と集団の関係」から理解していこうとするものです。

世界では依然として各地で紛争が継続し、その中で国家と国家、民族と民族の激しい対立がみられます。この対立の中で示される、攻撃につながるような強い偏見の問題は、個人の生育歴からくる性格や、カテゴリー化という個人内の過程に注目した理論だけで説明しきれない部分が多くあります。第三の知見ではこの点をふまえ、現実に存在する集団間の葛藤や、集団の中にいる自分を「価値あるものにしたい」と願う人間の傾向が、ステレオタイプや偏見を生むと考えています。

不満や葛藤から生じる偏見

現実に存在する争いの背景には、対立する集団間で、一方が利益を得れば、もう一方が損失を被るという葛藤が存在する場合が多くみられます。自分たちの集団が他集団によって脅威にさらされると、私たちは内集団に対するアイデンティティ（自分の意味や自己概念）意識を高め、連帯感を高めていきます。その一方で、外集団に対する嫌悪や敵意が生まれます。このように、集団間の葛藤は現実の希少資源をめぐる集団間の競争の結果であると仮定する理論を現実的葛藤理論（realistic conflict theory）とよんでいます。集団間にこのような葛藤があると集団成員は不満を抱き、相手集団を否定的にとらえたり偏見を抱いたりします。たとえばホブランドとシアーズ（一九四〇）は、アメリカ南部で発生した黒人へのリンチ事件を分析し、発生件数がその時の農業経済指標（綿花の価格）と対応することを明らかにしました。経済が低調で景気が後退すると、リンチ件数が増えていたのです。

ただし、人の行動を考えてみると、現実の競争がなくても偏見やステレオタイプが生じるケースがあります。

社会的アイデンティティ理論

また、お互いに協力しあっている集団同士であっても、「自分たちのほうが優れている」と考え、相手を自分たちより一段低いものと見なし、偏見を抱く場合もあります。これをふまえて、タジフェルとターナー（一九七九、一九八六）は、社会的アイデンティティ理論（social identity theory）を提唱しました。この理論では、利益対立のない場合の集団間差別の説明をねらいとしています（ターナー 一九八七）。ここで社会的アイデンティティとは、自分がある社会的集団に属しているという知識で、そこに個人の感情的および価値的な意味づけを伴っているものを指しています。そしてこの理論では、人間は肯定的な社会的アイデンティティを求め保とうとするように、つまり集団に関連づけて自己高揚(価値が高いと評価)しようとすると考えられています。

先に述べたように、人が集団を形成していく際には必ず「内集団」と「外集団」が生じてきます。そして自己を含んだ社会的カテゴリーの価値や評価は、自分自身の価値や評価に反映されます。このため内集団の価値が世間的に高く評価されれば、自分自身の価値が高く感じられることになります。このことが、自分を含む内集団と、含まない外集団に他者を分けた場合に、おのずと内集団の価値を高めたいという自己高揚動機に結びついていきます。内集団と外集団を比較して、内集団のほうを肯定的に知覚できれば、肯定的な社会的アイデンティティが得られるからです。内集団をより高く、外集団をより低く位置づけるように個人の主観的な価値づけや評価が働く現象は、「内集団ひいき」とよばれています。

内集団ひいきを示す実験例

ここに、タジフェルら(一九七一)の「最小(条件)集団パラダイム」(minimal group paradigm)といわれる興味深い実験があります。彼らは、単に人々を内集団と外集団に社会的カテゴリー化するこ

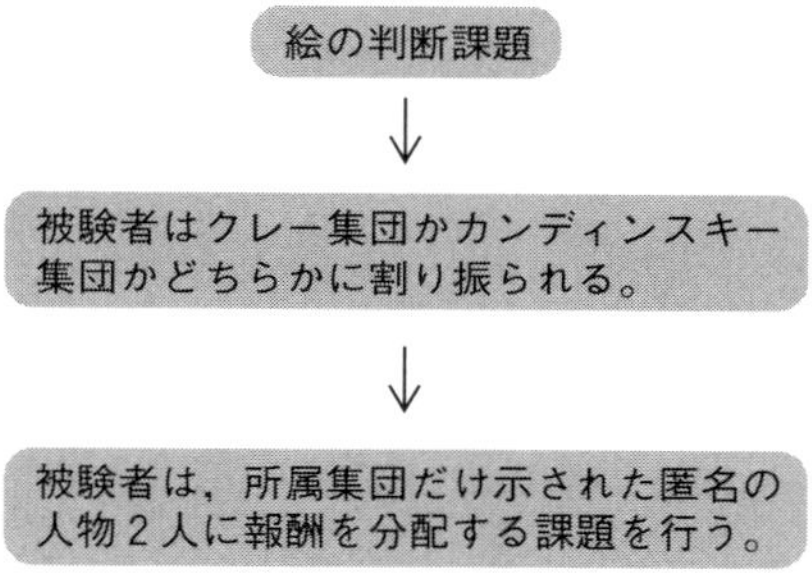
絵の判断課題
被験者はクレー集団かカンディンスキー集団かどちらかに割り振られる。
被験者は，所属集団だけ示された匿名の人物２人に報酬を分配する課題を行う。

図７　タジフェルら（1971）の実験の流れ

と自体が、内集団ひいきを生じさせることを示しています。この実験の流れは図7に示すとおりです。

まず被験者（小学生）は二枚の抽象画を何セットか見せられた後で、どちらの絵が好みであるかを答え、「カンディンスキー集団」「クレー集団」（両方とも画家の名前）どちらかに振り分けられます。このとき被験者には、自分が含まれた集団に他に誰がいるのかはわからないようになっています。続いて被験者は小冊子を渡されますが、そこには図8のような二つの数値の組合せが書いてある報酬分配マトリックスが載っています。マトリックスには、実験に参加した別の二名のコード番号と（番号なので誰かはわからない）、その二名がどちらの集団（カンディンスキー集団／クレー集団）に属しているかが書かれています。そして

クレー集団の成員　番号○	18	17	16	15	14	13	12	11	10	9	8	7	6	5
カンディンスキー集団の成員　番号○	5	6	7	8	9	10	11	12	13	14	15	16	17	18

↑
クレー集団の平均値

図8　タジフェルら（1971）の実験で提示されたマトリックスの例（1）

被験者はこのマトリックスを見て，自分が２人にあげたいポイントの組合せを１つ選択する。この図で「クレー集団の平均値」とあるのは，このマトリックスについてクレー集団に振り分けられた被験者の回答を平均すると，14：９と13：10の間になることを示している。なお被験者には，ここに示したような各マトリックスについて，成員の欄を内集団と外集団を入れ替えた形でも回答を求めている。元論文では，この時の両回答の平均値の差が内集団ひいきの指標として利用されている。

マトリックスの数値は、この二名に配分して渡す報酬金額を示していると説明され（1ポイントが0.1ペニー、1ペニーで小さなお菓子が買えるくらいの値段）、被験者は数値の中から一つの組合せを選び、二名の他者に与えたいと思うポイントを答えるように求められます。小冊子にはそれぞれ異なったマトリックスがいくつも記載されていて、二名の他者の所属集団も、両者が被験者と同じ集団であったり、逆に両者が被験者と異なる集団であったり、自分と同じ集団の一名と異なる集団の一名からなる場合などさまざまに設定されています。被験者はそれぞれのマトリックスについて、組合せを一つずつ選んでいきます。

　このとき、被験者はどのような方略を用い

クレー集団の成員　番号○	25	23	21	19	17	15	13	11	9	7	5	3	1
カンディンスキー集団の成員　番号○	19	18	17	16	15	14	13	12	11	10	9	8	7

↑

カンディンスキー集団の平均値

図9　タジフェルら（1971）の実験で提示されたマトリックスの例（2）

て、配分を選択するのでしょうか。できるだけ等しく分配する、自分と同じ集団の人にたくさん配分する、あるいはまったく適当に行う方略などが考えられます。回答を平均してみると、被験者はできるだけ公平に分配しようとするけれど、同時に自分の所属する集団の成員に多くの金額を与えようとする傾向がありました。

たとえば、クレー集団の被験者が図8のマトリックスをもとにして、お金を分配するように求められた場合、彼らが選択した組合せは平均すると「14対9」と「13対10」の間にありました。この場合公平に近いのは「12対11」「11対12」ですが、それよりも内集団がやや得をする配分が選択されています。内集団をひいきする傾向が生じていることがわかります。

さらに面白いのは、次のマトリックスです。カンディンスキー集団の被験者が図9のマトリックスをもとにして、お金を分配するように求められた場合、彼らが選択した平均は、「13対13」と「11対12」の間でした。この場合カンディンスキー集団の成員が一番お金をもらえるのは、「25対19」の時です。しかし「25対19」

だと、内集団成員が外集団成員に比べて明らかに損をします。「13対13」と「11対12」の間というのは、内集団が外集団よりも得をする配分ということを前提とした中での、もっとも金額の高い配分なのです。

さて被験者は、ほぼ偶然のような形で群分けされたことを思い出してください。絵の判断という大した意味もないことで集団が形成されただけなのです。しかも被験者は各集団に誰が含まれているのか知らされていません。それなのに被験者は、自分が含まれる集団のメンバーが得をするように分ける、つまり内集団ひいきを発生させたわけです。この実験は、手続きの不自然さや、他に手がかりがないという問題点が指摘されていますが、このように単純な手続きにもかかわらず内集団ひいきが発生することを示した点で、大きな衝撃を与えた実験です。ましてや現実場面ではどうでしょうか。内集団が一層ひいきされるだろうことは十分予測できます。そして、このひいきの背後にあるのが、自己高揚のために自分が所属する集団の価値を高めようとする動機なのです。

ステレオタイプ・偏見解消との関係

社会的アイデンティティ理論は、自分が同一視した集団と関連づけて自己を高揚させていこうとする傾向が、集団間の偏見や差別という行動にまで影響を及ぼすことを強調しています。

人が社会的カテゴリーに分かれるだけで、内集団ひいきの方向に評価が向かっていくことになるなら、偏見やステレオタイプを社会から取り除くことは、かなり難しいといえます。なぜなら内集団と外集団に分けることは、人間の基本的な傾向だからです。また内集団と外集団を分ける線が、国籍や政治的立場や文化であることを考えると、偏見やステレオタイプの形成や変化は、個人の認知的な問題だけでなく、広く社会的構造に関わってくるものと位置づけられます。戦争によって一つの国が二つに分裂すると、そこに内集団・外集団が生じてきます。その結果として両者の間に新たに生じたステレオタイプや偏見は、まさに社会的構造が生み出したものといえるでしょう。

本章では「個人差に注目した研究」「認知傾向に注目した研究」「集団と集団の関係に注目した研究」という三つの視点から、ステレオタイプや偏見が形成される背景を考えてきました。各知見はそれぞれ異なる方向からステレオタイプや偏見の姿をとらえていますが、現実のステレオタイプ・偏見はこれらの要素が同時に関連し合って形成されていると思われます。これらの知見はお互い対立するというより、補い合うものといえるでしょう。

3・ステレオタイプ維持のメカニズム

ここまで、ステレオタイプ・偏見がどのようにして形成されるのかを、複数の理論をふまえながらみてきましたが、このステレオタイプ・偏見は一度できあがると、長い間信じ続けられ、消したり変化させたりすることが難しいという特徴をもっています。なぜ一度形成されたステレオタイプ・偏見は維持されやすいのでしょうか。本章ではこの維持を支える背景にあるものとして、第一に人間のもつ仮説確証型の情報処理傾向、第二にステレオタイプの自動的活性化、この二つを取り上げ維持のメカニズムについて考えてみたいと思います。そして最後に、私たちが生活する社会がステレオタイプや偏見を必要とする場合があることについてもふれてみます。

●血液型ステレオタイプ

日本では、ＡＢＯ式血液型によって性格が違うという信念が普及しています（総理府一九八七など）。各血液型には、その血液型をもつ人々が共通にもっていると多くの人が信じている特徴があり（佐藤　一九九四）、血液型ステレオタイプとよばれています（詫摩と松井　一九八五）。これは日本固有のステレオタイプで、心理学的には根拠のないこととして否定されています。たとえば松井（一九九一）は、全国から無作為抽出した延べ一万人以上の調査結果（ＪＮＮデータバンクの四回の調査）をもとにして、血液型と性格の関連を分析しています。性格を尋ねた二四の質問項目（たとえば「先頭に立つのが好き」）の肯定率と血液型との関連を検討した結果、いずれの項目についても血液型による一貫した差はみられませんでした。この点から松井は、ＡＢＯ式血液型と性格の関連性を否定しています。この他にも血液型性格判断の妥当性を検討するいくつかの研究が心理学者によって行われていますが、多くは血液型と性格の関連を見出せないものとなっています。また血液型性格判断は娯楽として用いられることが多いのですが、特定の血液型に偏見が抱かれ、差別に結びつく側面があるという点も問題となっています（松井と上瀬　一九九九

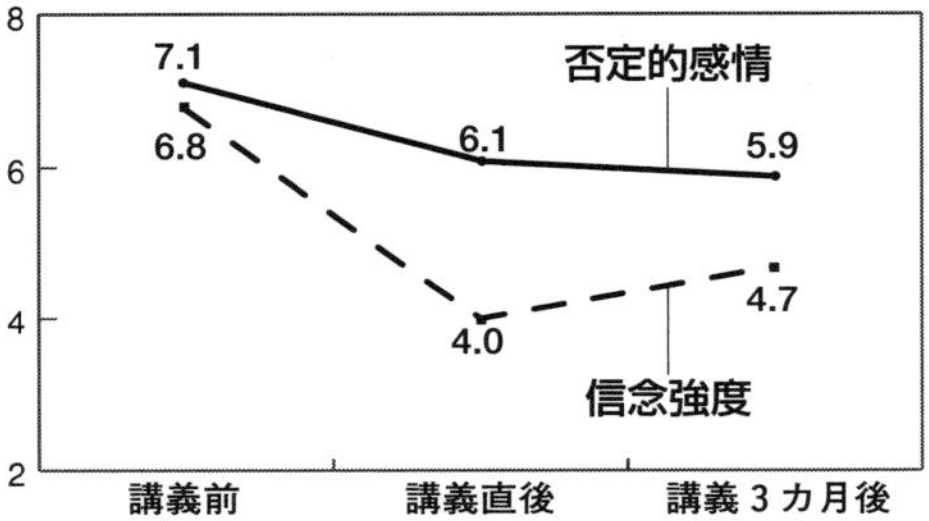

図10　血液型ステレオタイプの変容（上瀬・松井，1996）
得点範囲は「信念強度」が３～15点，「否定的感情」が４～20点である。２つの指標とも，値が高いほど「信念強度」「否定的感情」が強いことを示している。

四）。

しかし一方で、この血液型ステレオタイプは、半ば常識として定着し、消える気配はありません（上瀬 一九九四）。上瀬と松井（一九九六）はこの現状をふまえて、血液型性格判断を否定する内容の講義を大学生に対して行い、血液型性格判断を信じる程度を低減させようと試みています。この講義では、血液型と性格との関連には科学的根拠がない点や、この考え方が差別につながる可能性を説明しています。図10は、講義によって血液型性格判断を信じる程度（信念強度）と、特定の血液型を嫌いだと回答する程度（否定的感情）が、講義前・直後・講義三カ月後にどのように変化したかを示したものです。これをみると、全体としては信念強度も否定的感情も講義直後には低くなりました。ただし、三カ月後にふたたび調査をすると、否定的感情は低いままでしたが、信念強度は少し戻る傾向がみられました（図10）。

この実験では各血液型に対するステレオタイプの内容を測定してないため、ステレオタイプの内容そのものが変化したのかどうかはわかりません。しかし、少なくとも、講義によって血液型と性格の関連に関する信念強度は弱まり、「～型の人の性格は嫌い」といった偏見ともいえる感情的な反応は抑えられることが示されました。その一方で、信念は完全には消えずに維持される傾向があることも示されました。この結果は、「○型は～である」といった個別のイメージや、その結果として生じる「血液型によって性格が違う」という信念が、一度抱かれるとなかなか変化しにくいことを示唆しています。

●仮説確証型の情報処理

松井と上瀬（一九九四）は、血液型性格判断を肯定する理由・否定する理由を分析し、「他人の血液型が当たった」「自分と同じ血液型の人が自分と似た性格をしていた」といった自らの経験が、血液型ステレオタイプを維持させる要因となっていると指摘しています。つまり自分の体験をもとにして、血液型性格判断が信じられているわけです。しかし、「当

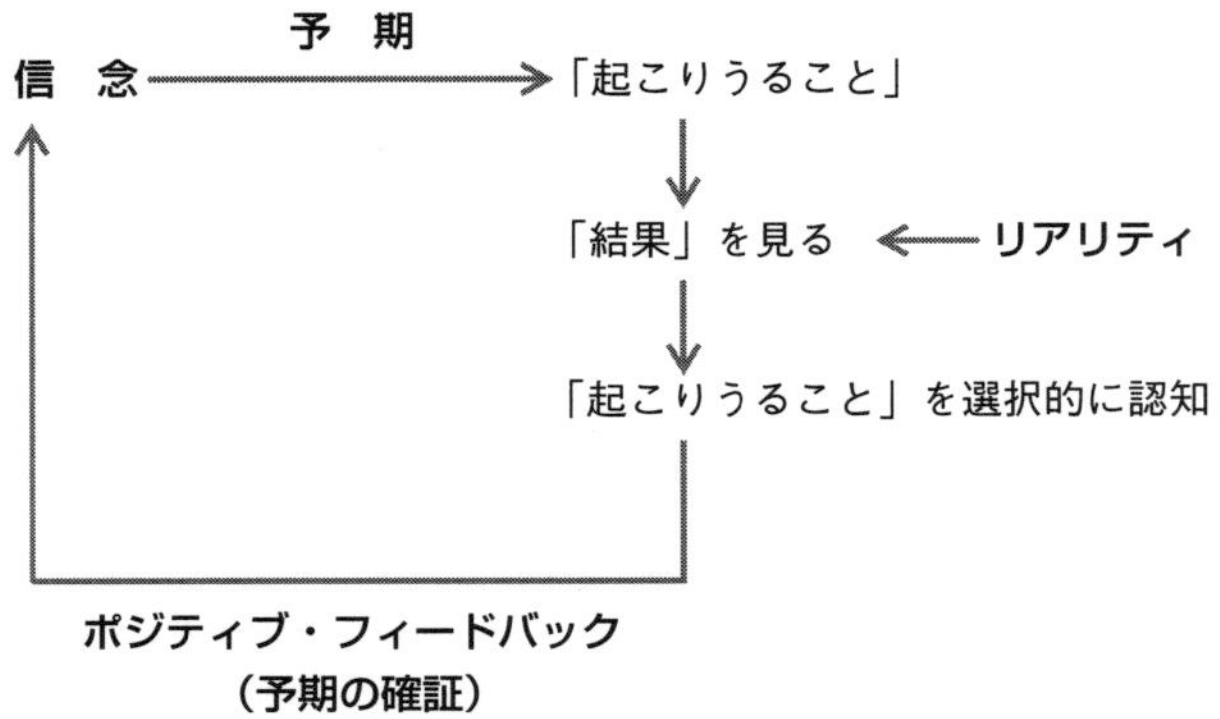

図11　信念が確証される過程（池田，1993）

たった」という自分の経験は、実際は信念の根拠にするほど正確なものではありません。この経験そのものが人間のもつ仮説確証型の情報処理傾向にもとづく選択的認知によって、歪められて解釈されているからです。

選択的認知

人には、ある信念をもつとそれと一致する事象が生じると予期する傾向があり、その予期に従って新しい情報を探索し、解釈する傾向（仮説確証型の情報処理傾向）があります。この傾向を池田（一九九三）は図11の形で示しています。池田は、この図にもとづいて血液型ステレオタイプが維持される理由を説明しています。「血液型性格判断は正しい」という信念をもつと、「ある人の行動はその性格ゆえに生じ、それは血液型に規定されている」と予期することになり、当てはまらない事例は無視され、当てはまる事例のみが知覚され、記憶されます。その結果、「やっぱり当たっている」と信念が確証されることになるのです。たとえば、「A型は几帳面」というステレオタイプをもっていると、A型の友人の几帳面なところ（例…ノートをきれいな字で書いている）に注目しやすくなります。その一方で、その友人の几帳面でないところ（例…部屋が汚い）などは見逃されがちになります。その結果「A型＝几帳面」というイメージのみが確認され、「やっぱり血液型性格判断は当たっている」と考えやすくなるわけです。

血液型ステレオタイプの維持

自分のもっている信念に一致するように、仮説確証する形で情報を選択的に取り入れ判断するという傾向については、これまで数多くの研究がなされてきました。この中で、血液型ステレオタイプの維持過程について検討した坂元（一九九五）の研究を紹介します。この実験は、図12のような手続きで行われています。

被験者は「対人判断に関する調査」と説明されて実験に参加し、まず小冊子の記述を読みます。この小冊子には、図13に示す刺激文が印刷されています。この刺激文は、各血液

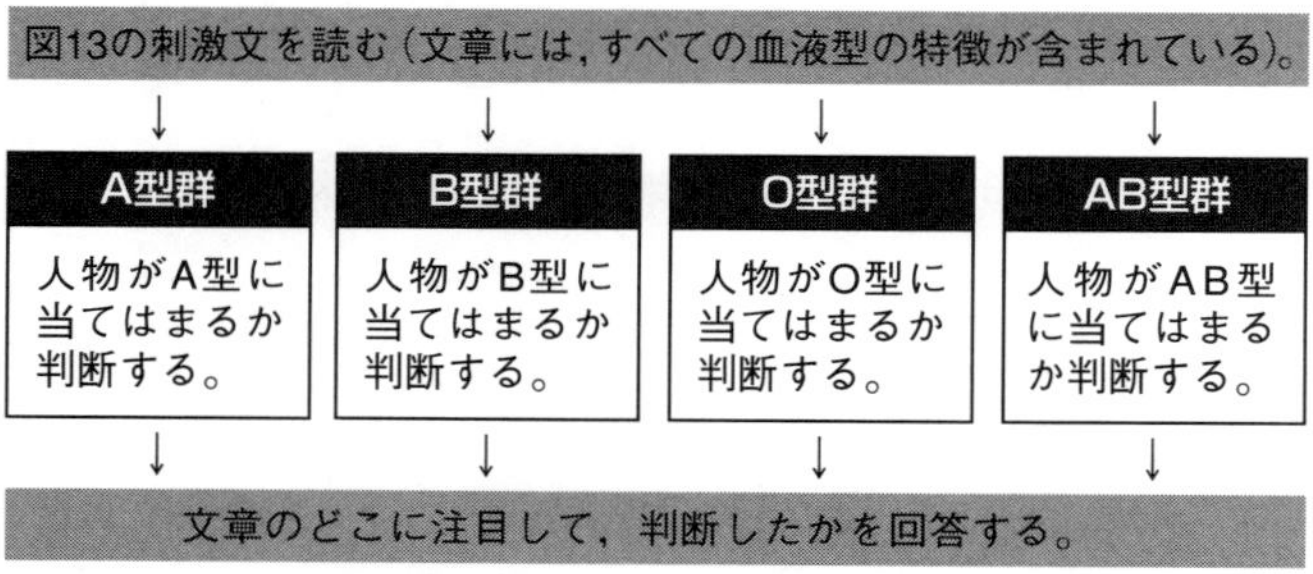
図13の刺激文を読む（文章には，すべての血液型の特徴が含まれている）。
A型群
人物がA型に当てはまるか判断する。
B型群
人物がB型に当てはまるか判断する。
O型群
人物がO型に当てはまるか判断する。
AB型群
人物がAB型に当てはまるか判断する。
文章のどこに注目して，判断したかを回答する。

図12　坂元（1995）の実験の流れ

型に典型的と思われている特徴が五つずつ含まれており、被験者はA型群・B型群・O型群・AB型群の四つのいずれかにランダムに振り分けられています。そしてA型群は登場人物がA型に当てはまるかどうか、B型群はB型に、O型群はO型に、AB型群はAB型に当てはまるかどうかを判断しました。

さらに被験者は、「まじめ」「努力家」「要領がよい」といった刺激文の一部が順に一五個抜き出された一覧表を見て、登場人物の判断にあたって、文章のどの部分に注目したのか、着目した特徴を四つまで選びました。この表の一五個の特徴は、各血液型に典型的なものとして刺激文に五つずつ含まれたものです。一五の特徴のうちどの部

彼女は，20歳の女子大学生で英米文学を専攻しています。英語の勉強は大変によくしています。基本的にまじめな学生で，努力家です。しかし，興味のない課目の授業にはあまり出席していないようです。それでも，試験のときには，友達からノートを借りて，よい成績をとってしまうという要領のよいところがあります。ゼミには，熱心に参加しています。そこでは，問題を客観的に見つめて，論理的で説得力を持った発言をします。

彼女はもともと情熱家で，現在では，映画研究会というサークルに入って，映画の製作に没頭しています。彼女は，チーム行動を大切にしていて，スタッフをよくまとめています。指導力はかなりあるようです。(中略) 彼女は，大学受験用の通信添削のアルバイトをしています。マイペースなところがあるので，このように自由な時間でできるアルバイトは，都合がよいのでしょう。(以下略)

図13　実験に用いられた刺激文の一部（坂元，1995より引用）
刺激文は，各血液型に典型的と思われている特徴が5つずつ含まれるように構成されている。この引用部分では，「まじめ」「努力家」がA型,「マイペース」がB型,「論理的で説得力をもった」がO型,「要領がよい」「客観的」がAB型の特徴にあたる。

表2　各血液型条件群の着目得点（坂元，1995）

	A型条件 N=40	B型条件 N=34	O型条件 N=39	AB型条件 N=33
A型的着目得点	1.30	0.74	0.74	0.55
B型的着目得点	0.80	1.47	1.00	1.09
O型的着目得点	0.65	0.47	1.05	0.52
AB型的着目得点	1.00	1.09	0.95	1.58

各数値は，あらかじめ想定した各血液型の５つの特徴のうち，いくつが着目されたか平均値を示している。たとえばA型条件では，A型の特徴５つのうち平均して1.3個注目されている一方，その他の血液型の特徴については1.0個以下しか注目されなかったことを示している。

分が注目されたのか、条件別に示したのが表2です。これをみると各条件とも初めに伝えられた血液型の特徴に注目したことが示されました。

職業ステレオタイプの維持

血液型ステレオタイプ以外の研究例もあげてみましょう。コーエン（一九八一）は、職業ステレオタイプを実験対象として取り上げています。私たちは、教師・警察官・アナウンサー・医者などといった職業に関して一定のイメージ、すなわち職業ステレオタイプをもっています。コーエンは、この中から「司書」「ウエイトレス」のステレオタイプを使用して次のような実験を行いました。

被験者は、「印象形成の研究を行う」と説明されビデオを見ます。そのときに、半分の被験者には「登場する女性は司書である」(司書条件)と、残りの半分には「登場する女性はウエイトレスである」(ウエイトレス条件)と説明されます。ビデオは、刺激人物(女性)が夫と夕食を食べながら、彼女の誕生日を祝っている様子を映した約一五分のものですが、この中には司書かウエイトレスどちらかのステレオタイプに一致する特徴が、それぞれ九項目ずつ含まれています。たとえば、司書のステレオタイプに一致する特徴として「メガネをかけている」「本棚がある」など、ウエイトレスのステレオタイプに一致する特徴として「ビール」「恋愛小説を贈り物で受け取る」などです。ビデオ終了後、被験者はビデオの内容に関してどの程度記憶しているかをチェックするテスト(再認テスト)を受けます。このテストをいつ行うかは被験者によって異なり、実験直後条件、四日後条件、七日後条件のいずれかに振り分けられました。テストは、「メガネをかけている/メガネをかけていない」など、司書とウエイトレスに関連する特徴が一八組あげられており、見たビデオの内容として正しいほうを選択するというものです。

被験者がもし、ステレオタイプに一致した事柄をよく覚えているとするならば、司書条件では司書のステレオタイプに一致した特徴について正答率が高く、ウエイトレス条件では反対に、ウエイトレスのステレオタイプに一致した特徴について正答率が高いと予測さ

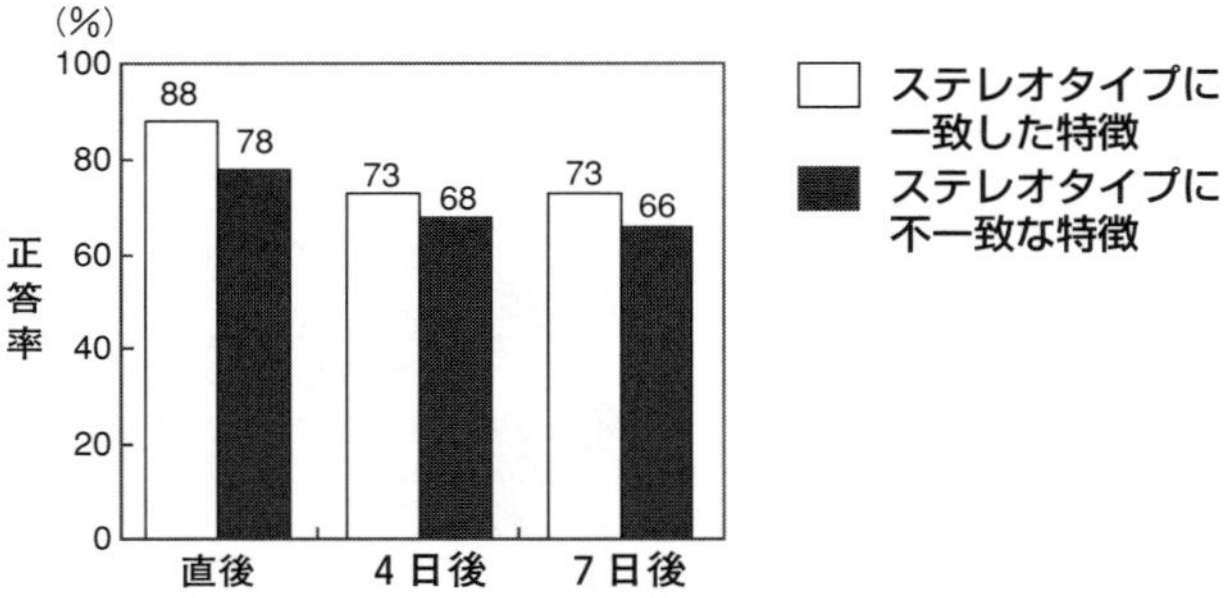

図14　再認テストの正答率（コーエン，1981）

数値は，被験者が各特徴を何％正確に回答したかを示している。なおこの実験では，中に含まれるステレオタイプの内容を少し変えてビデオは２種類作成されているが，種類によって結果に差がなかったため，結果は合わせて示されている。

れます。被験者がステレオタイプに一致した特徴と一致しない特徴のどちらを正確に回答できたか、正当率を条件別に算出したところ、図14のようになりました。再認テストの時期にかかわらず（直後・四日後・七日後条件にかかわらず）、全体としてステレオタイプに一致した特徴のほうを、被験者がよく覚えていたことがわかります。

この実験において被験者は、職業ステレオタイプに一致したビデオの内容をより記憶していました。このことは、血液型ステレオタイプと同様に、人がたくさんの情報の中からステレオタイプに一致した情報を選択的に記憶しやすい傾向をもつことを示しています。

この選択的な記憶のプロセスはステレオタイプの維持に大きく関わってきます。一度ステレオタイプが形成されると、後は合っているところだけが記憶されやすいため、不一致な場面に出会ったとしても忘れてしまい、ステレオタイプが維持されてしまうわけです。

ステレオタイプの維持に関連するのは、記憶過程だけではありません。

家庭環境と学力に関するステレオタイプの維持

そもそも目の前で生じている出来事のどこに注目するかにも、ステレオタイプは大きく関連しています。ダーリーとグロス（一九八三）は、次の実験で人が他者を判断するときにステレオタイプに一致した情報のみを選択的に利用して判断を下しやすいことを示しています。この実験で用いられたのは、子供の家庭環境と学力に関するステレオタイプです。被験者には「教師評定法の研究」と説明し、小学校四年生の女の子の行動を記録したビデオを見て、その学力を評定するように求めます。そのビデオの前半では女の子が遊んでいる様子が映っていますが、その背景やナレーションを変えて彼女の社会経済的地位の背景が二種類設定されています。一つは「都市の貧しい地域の子供」で、低い学力が予期されるものと仮定されています（否定的予期条件）。もう一つは「郊外の中流家庭の子供」で、高い学力が予期されるものと仮定されています（肯定的予期条件）。

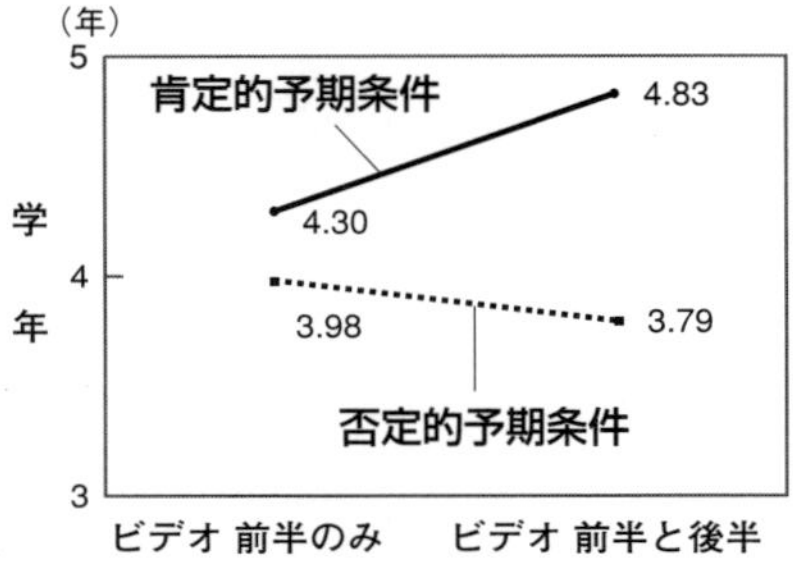

図15　評定された学力（ダーリーとグロス，1983）
得点は何年生レベルの一般教養と評定されたかを示しており，得点が高いほど高学年レベルと判断されたことを示している。なおこの実験では，少女の学力を一般教養・読解・算数の3指標から評定しているが，いずれも評定の傾向は類似しているため，ここでは一般教養のみを載せた。

また、ビデオの後半には、女の子が先生から出されたさまざまな問題に答えている様子が映っています。ただし、女の子は難しい問題にも簡単な問題にも正答したり間違ったりし、ある時はやる気があるように、ある時はやる気がなさそうに見えるなど、学力の判断が難しくなっています。さて、被験者のうち半分はビデオの前半だけを見て、女の子の学力（一般教養・読解・算数）が小学校何年生レベルかを判断します。残りの半分の被験者は、後半も見てから同様に学力レベルを判断します。

各条件によって女の子の学力評定に差がみられるかを示した結果が、

図15です。

ビデオの前半部分しか見ていない被験者では、学力の判定に、否定的予期条件と肯定的予期条件の差は大きくありません。どちらもほぼ小学校四年生の学力と判断しています。しかし、後半部分も見た被験者では、肯定的予期条件では学力を高く、否定的予期条件では学力を低く評定しており、差が開いています。

あいまいな情報によってステレオタイプが確証されていく

少女についてたくさんの情報を得たはずの被験者のほうが、前半だけを見た被験者よりも、かえって事前のステレオタイプを印象に反映させてしまっています。学力を判断するのに曖昧な情報が提供されたことにより、被験者はあらかじめ抱かれた期待に沿う形で選択的に情報を得て、印象を形成したということができます。つまりここでも、ステレオタイプを維持させるような、選択的認知が生じていていることが示されています。多くの情報があればステレオタイプが正しい形に修正されていくのではなく、曖昧な情報によってステレオタイプが確証され、ますます強くなっていく恐れがあるといえるでしょう。

教師の抱く予期の影響

ダーリーとグロス（一九八三）の実験において登場した少女の行動は実験用に作られたものであり、被験者が彼女と実際に接するわけではありませんでした。被験者がこの少女の学力を低く評価したとしても、実際の少女に影響はないわけです。しかしこれが、現実の学校で教師が生徒を評価するという場面だとしたら、どうでしょう。教師が生徒の家庭状況にもとづくステレオタイプをもつことによって、本当の生徒の学力にもとづくのではなく、ステレオタイプを確認するような形で情報処理が行われてしまう恐れがあるのではないでしょうか。

実は、教師が抱く思い込みが子供自身の学力に実際に影響を与えることを示唆した研究があります。ローゼンソールとヤコブソン（一九六八）は、アメリカの小学校で次のような実験を行いました。子供たちに新たに開発された躍進的学習能力検査と称するテストを実施し、その成績が各学年の上位二割に入っていた子供の名前を教師だけに伝えました。教師には、この子供たちは他の子供たちと比べて、来年までに学習能力が著しく進歩すると説明します。そして彼らは、教師にこのテスト結果を子供たちやその親に言わないよう注意しました。しかし実は、告げられた子供の名前は各学年からランダム（無作為）に選んだだけのもので、テスト自体も既存の知能テストだったのです。

ローゼンソールとヤコブソンは、その約一年後に子供たちに同様の知能テストを実施して、どのくらい知能得点が増加しているかを調べました。このときに、「学習能力が伸びる」と教師に説明した子供（実験群）の得点増加と、その他の子供（統制群）の得点増加を比較したところ、興味深いことに一、二年生においては実験群の子供の成績の伸びが、統制群より有意に高くなっていました。全学年をあわせて統制群と実験群の比較をしても、実験群のほうが有意に高い伸びを示しました。

この結果はどのように解釈できるでしょうか。子供たち自身は、自分の成績についてはまったく知らされていません。両条件で異なっていたのは唯一、教師に「学習能力が伸びる」と伝えられていたか否かです。教師が「この子は伸びる」と期待した結果、生徒の良い面に注目したり積極的に働きかけることになり、これが子供の成績が本当に伸びるという結果に結びついたと推測されます。とくに一年生や二年生といった幼い年齢では、成長が可変的であること、生徒に対する学校側の評価が明確化していないこと、生徒自体が教師の影響を受けやすいことなどの理由から、教師の期待の影響が大きかったとローゼンソールらは述べています。

ローゼンソールとヤコブソンの研究は非常に画期的なものでしたが、実験状況が十分に統制されておらず、教師による期待がどのように生徒に伝えられて成績が上がったのかという因果関係が不明であるという問題点が指摘されました。そこでその後、さまざまな研究者が教師による期待の効果について検討しています。たとえばブロフィとグッド（一九七〇）は小学校の教師に、担任するクラスの生徒について高い学力をあげると予想される順に順位づけるように求めました。そしてその後、教師と生徒のやりとりを観察しました。その結果教師には、高成績が期待される生徒たちに対して賞賛の量が多い、批判する量が少ない、回答の待ち時間が長い、間違った答えをした後でも質問の言い換えやヒントを与えるといったことが多くみられました。逆に成績が伸びないと予測された生徒たちに対しては、批判することが多く、指名も少ないことなどがみられました。これらの結果から、期待教師に期待された生徒は教師に受容・支持されて適切に指導を受けているのに対し、期待されていない生徒にはやる気を失わせる方向につながっている可能性が示されました。

先に紹介したダーリーとグロス（一九八三）の実験では、「この子は学力が低い」という否定的な期待が、子供に対する印象を悪くすることにつながっていました。教師がステレオタイプによって否定的な期待を子供に抱いた場合には、教師が示す否定的反応に子供が影響を受け、やる気を失ったり、不安を感じたりして、結果として教師の思い込み（ステレオタイプ）を確証することにもなりかねないのです。

他者に対して抱く期待が実際に現実のものになっていくという現象は、学校以外の現実場面でも広くみられます。このように、人物Aが、人物Bに対して「この人は～である」という仮説をもつと、人物Bが実際にその仮説に一致するようになる現象のことを、自己成就予言（self-fulfilling prophecy、マートン 一九六八）といっています。

自己成就予言

本章の冒頭で血液型ステレオタイプをあげましたが、血液型ステレオタイプによっても自己成就予言が生じているとの指摘がなされています（松井 一九九一、山崎と坂元 一九九二）。「自分はA型だから……」と自覚したり周囲から言われたりすることで、A型の人が本当にそれらしい性格になっていくというわけです。また、「女性は数学が苦手」「アフリカ系アメリカ人は知的に劣る」といった否定的なステレオタイプや偏見が、自己成就予言現象を生じさせ、対象となった人々（たとえば女性やアフリカ系アメリカ人）を苦しめていることもいろいろな研究によって指摘されています。この影響過程については、あらためて4章で取り上げます。

サブタイプ化

仮説確証型の情報処理に関連するものとして、もう一つサブタイプ化（subtyping）について紹介したいと思います。ウェーバーとクロッカー

（一九八三）は、ステレオタイプに一致しない人物をサブタイプとして処理し、変容を阻止する認知的メカニズムを明らかにしています。サブタイプとは、ステレオタイプを反証するような側面をもつ例外的な一群の人々のことを示しています。たとえば、「女性は仕事ができない」というステレオタイプをもった人が、仕事をバリバリこなす女性に出会ったときに、ステレオタイプを変えるのではなく、「あの人はキャリアウーマンだから特別」などと例外的な女性、つまり女性のサブタイプとして処理する場合などにあたります。ステレオタイプや偏見に当てはまらない人たちに出会っても、それがサブタイプとして処理されれば、ステレオタイプの本体はそのまま維持されることになります。サブタイプ化は少数の例外的な人物に不一致が集中しているときにとくに生じやすいと考えられています。

　本章の初めに取り上げた上瀬と松井（一九九六）では、血液型ステレオタイプを否定する内容の講義を行い、講義後の血液型ステレオタイプに対する態度を測定しました。このとき、「講義で否定されたのは、血液型性格判断の一部である」などと、血液型と性格の関連にサブタイプ化を行った者が一部みられました。このサブタイプ化を行った者と、行わなかった者とで、血液型性格判断に対する態度に違いがあるか比較しました。図16は、講義によって信念強度が、講義前・講義直後・講義三カ月後にどのように変化したかを示したものです。これをみると、サブタイプを形成したものは、血液型と性格の関係を信じ

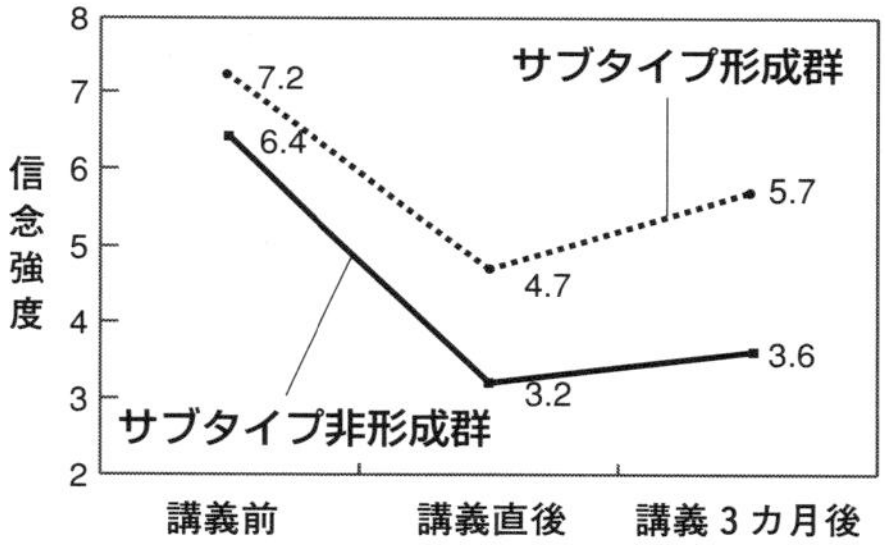

図16　サブタイプ形成群・非形成群の信念強度の変化（上瀬・松井，1996）
得点が高いほど信念強度が強いことを示している。両群とも講義前より，講義直後・講義３カ月後のほうが有意に得点が低くなっている。しかし，サブタイプ形成群のみ講義直後よりも講義３カ月後のほうが有意に値が高くなっている。

続けていることが示されています。サブタイプ化すると、ステレオタイプの内容、つまり各血液型のイメージが変わりにくいので、信念を弱める方向には変化が生じにくいと考えられます。

●ステレオタイプの自動的活性化

本章ではここまで、ステレオタイプを維持させるものとして、仮説確証型の情報処理に焦点をあててきました。ここでもう一つ、ステレオタイプの自動的活性化を取り上げてみます。ステレオタイプには、カテゴリーに関する手がかりがあると自動的に活性化してしまうという特徴があります。このため私たちが意識的に抑制しようとしない限り、他者をステレオタイプ化しやすく、これがステレオタイプの維持につながっていると考えられます。

知識のネットワーク

私たちは毎日の経験の中からさまざまな知識を獲得していきますが、各知識や概念は内容的に近いもの同士がまとまり（リンクして）、全体としてネットワークを形成していると考えられています。そして、このネットワークの中で活性化拡散という仕組みが想定されています（コリンズとロフタス 一九七五）。私たちの記憶の中にある知識のほとんどは普段しまわれたままですが、ある状況になったときだけその一部が活性化し、それによって関連する別の知識も次々と活性化していきます。たとえば「犬」という文字を見たとき、ある人の頭の中では以前自分が飼っていた犬の姿が活性化して、散歩に出かけた公園の様子や、そこにいたさまざまな犬の種類のこと、一緒に散歩に出かけた家族のことなどが思い出されるかもしれません。このように犬という言葉によって、ネットワークを通じてさまざまな知識が次々と活性化することになります。

人種や性別などさまざまなステレオタイプ的知識も、同じようにそれぞれネットワークを形成していると考えられます。たとえばスティーブン（一九八九）は、ステレオタイプ

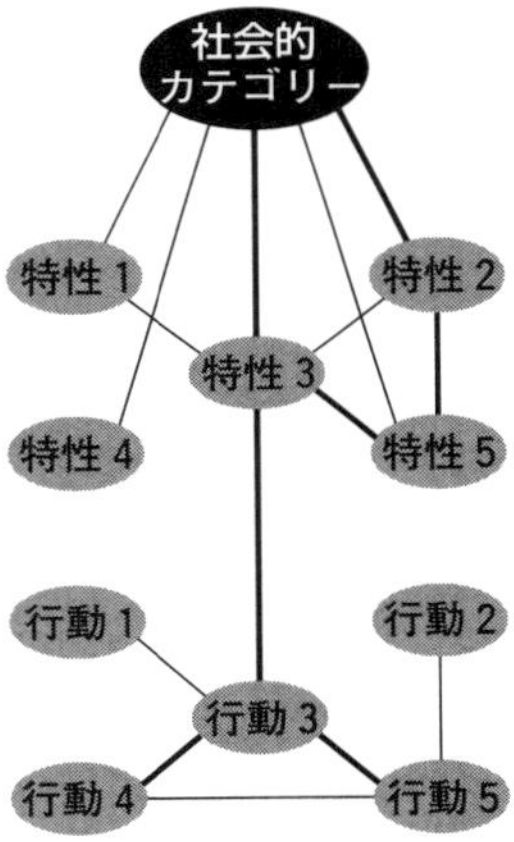

図17　ステレオタイプの階層ネットワークモデル
（スティーブン，1989）
図の一番上の「社会的カテゴリー」が活性化すると，その下につながっている特性や行動の知識・概念が活性化する。図の中で，太い線分ほど関連が強いことを示している。

について図17に示すネットワーク構造をモデルとして提出しています。ネットワーク中で一つの概念が活性化されると、それがリンクを伝わって別の概念も次々と活性化していくというわけです。これを血液型ステレオタイプに当てはめてみるなら、たとえば血液型カテゴリーの中のA型という概念には、「几帳面」「神経質」「真面目」などの特性が結びついており、さらに各特性には具体的な行動が知識として結びついていると考えられます。

自動的活性化

ステレオタイプもその他一般の知識も、ネットワークを形成し、リンクを伝わる形で概念が活性化していくことは同様です。しかしステレオタイプの場合には、ネットワークの各概念の連合が強固で活性化が自動的に生じやすいという性質があります。たとえば血液型ステレオタイプをもっている人の場合、初対面の相手が「私はA型です」と自己紹介すると、すぐに頭の中に「几帳面」「神経質」「真面目」といった特性が自動的に活性化されることになります。このため意識していなくても、頭の中に浮かんだそれらの特性を目の前の人に当てはめて、判断しやすいといったことが生じてくるのです。

文化的ステレオタイプ
（ステレオタイプ的知識）
幼少期に獲得される。
自動的情報処理過程に従う。
個人的信念
成長の過程で自分で獲得する。
統制された情報処理過程に従う。

図18　デヴァイン（1989）の分離モデル

ステレオタイプに関わる知識の自動的活性化に注目し、

デヴァインの分離モデル

これを統制された情報処理過程と分けて理論化したのが、デヴァイン（一九八九）の分離モデル（dissociation model）です。

デヴァイン（一九八九）は、ステレオタイプ的知識と個人的信念の差に注目しています（図18）。ステレオタイプ的知識とは、社会に一般的に普及しているステレオタイプに関する知識のことで、文化的ステレオタイプとも言い換えられます。私たちは妥当性を批判的に検討できない幼少期に、養育者や周囲の環境からこれを獲得していきます。たとえば人は「女性は論理的に物事を考えられない」など社会に普及するステレオタイプに幼いころから接し続けることによって、そのようなステレオタイプを知識として獲得していきます。これらの文化的ステレオタイプは幼いころからさまざまな状況で活性化が繰り返されるために、ネットワークの各知識の連合が強固になり、次第に、環境内に特定の手がかりが存在するだけで自動的に活性化し、処理されやすくなります。たとえば、初対面の女性を前にしたときに「論理的に物事を考えられない感じがする」との印象が自動的に頭に浮かんでしまうというわけです。この活性化が、本人の意識とは無関係に自動的に生じることは避けられないとデヴァインは考えています。

しかし一方で、デヴァインは次のことも指摘しています。私たちは、教育や自らの成長の過程で、文化的ステレオタイプや偏見を否定する価値観を個人の中に形成していきます（個人的信念）。この個人的信念は、ステレオタイプを想起するか否かに関わる意識で、統制された過程に従います。たとえば、「性別で人を判断するのは良くない」といった平等主義的価値観を形成した場合、初対面の女性に会ったときに「性別にこだわった判断をするのはやめよう」と注意することになります。このため知識として「女性は論理的に物事を考えられない」というステレオタイプをもっていたとしても、その人の印象を形成する場合にステレオタイプ化は生じないというわけです。つまり人は、自動的に活性化しやすい文化的ステレオタイプをもっているけれど、後から形成された平等主義的な個人的信念にもとづき、時間や努力を要すれば意識的にステレオタイプ化を回避できるのです。

自動的活性化の実験例

ここでデヴァイン（一九八九）が行った実験を紹介します。

まず研究一では、アメリカの白人大学生を被験者とし、黒人に対するステレオタイプを自由に書き出してもらいました。ここでは「研究の目的は、黒人に対する文化的ステレオタイプに関する知識を知るためで、あなたの個人的信念について知りたいわけではない」と説明します。また被験者の人種偏見の強さを、それとは別に測定しておきます。その結果、白人のほとんどが黒人に対する否定的なステレオタイプを知識としてもっており、その知識は被験者自身の偏見の強さとは無関係であったことが示されました。この結果からデヴァインは、偏見の弱い人は非偏見的な価値や平等の規範を内面化しており、ステレオタイプが環境によって活性化されたとしても、非偏見的な基準に合わせて、その後の自分の反応を統制できるのだと指摘しています。

しかし研究二では、文化的ステレオタイプを活性化させないようにすることが難しいことが示されています。ここでは、白人被験者に閾下（サブリミナル）で黒人に関連する刺激を見せるという課題を行いました。画面に文字や絵が映し出されても、その投影時間が数ミリ（百分の一）秒といったあまりに短い時間では、人はそれが何であるのかは認識できません。しかし、何を見たかが判断できなくてもその言葉や映像が、意識下で影響を与えることが知られています（坂元ら 二〇〇〇、下條 一九九六などを参照）。たとえば、攻撃性に関する内容の文字を閾下で見た被験者が、その後に提示された人物を攻撃的と判断してしまう結果などが知られています（バージとピエトロモナコ 一九八二など）。デヴァインはこの閾下刺激を利用して、白人被験者に黒人に関連する閾下の刺激（黒人、バスケットボールなど）を提示し、その後で、ある人物の印象を尋ねました。すると白人被験者は、その人物が攻撃的であると判断する傾向があったのです。しかも黒人に対する偏見の低い人も、高い人と同様に人物を攻撃的と判断したのです。この結果は、黒人という対象によって、自動的に「攻撃的」というステレオタイプ的知識が活性化してしまい、それが次の人物の印象に反映されてしまったと解釈されています。そしてこの傾向は普段は黒人に対して偏見的でない人にも生じました。個人的信念が偏見的でない人も、ステレオタイプが活性化したことに気づかない場合には、相手をステレオタイプ化してしまうことが示されたのです。

さらに研究三では、被験者に黒人を示すラベルをあげさせて、黒人ステレオタイプを意識的に活性化してもらいました。その後、匿名状況で黒人に対する個人的見解を答えてもらったところ、被験者の黒人に対する偏見の高低によって回答に差がみられました。低偏見者は高偏見者に比べ、黒人に対して肯定的な考えを表明したのです。この結果は、黒人ステレオタイプが活性化されていることが自覚できるときには、低偏見者はそのステレオタイプで黒人を判断しないということを示しています。

自動的活性化を避けるには

これらの実験結果をとおしてデヴァインは、ステレオタイプの活性化は自動的に生じ、ステレオタイプ化を避けるためには、その活性化に注意し、意志をもってこれを統制することが必要と論じています。ステレオタイプ化を意図的に抑制できないとき、たとえば時間がない・忙しいなど認知的に負荷が高いときには、ステレオタイプは自動的に活性化されてしまいやすいのです。ただし、認知資源の不足がステレオタイプの活性化の阻害に影響するとの逆の現象も示されています（ギルバートとヒクソン 一九九一）。これは考え事をしているとき黒人に会っても、攻撃的というステレオタイプ自体が活性化しないなどの状況にあたります。

血液型ステレオタイプの自動的活性化

本章の初めに、維持されやすいステレオタイプの例として血液型ステレオタイプを取り上げました。これは日本における文化的ステレオタイプの一つです。このステレオタイプの普及によって、多くの日本人は各血液型の特徴について知識のネットワークを形成しています。その形は人によって異なっているでしょうが、よく用いている人ほどネットワークの各概念が強固に結びついていて、血液型に関する手がかりが環境にあると、特性や行動に関するステレオタイプ的知識がイメージとしてすぐに活性化するものと考えられます。血液型性格判断を信じ、頻繁に用いている人は、初対面の相手に「私はB型です」と告げられると「B型」という概念が自動的に活性化し、B型に関係する周囲の概念にも活性化が伝播していきます。このため、相手をB型の特徴に一致する形で自動的に判断してしまう可能性が高いと考えられます。娯楽としてであっても、何度も繰り返し血液型ステレオタイプを活性化させていると、しっかりネットワークが形成され、遊び以外の場面でも自動的に活性化しやすくなるでしょう。実際に松井と上瀬（一九九一）は、血液型性格判断を信じる程度（信念強度）と、「血液型性格判断は楽しい」「よく記事を読む」などこれを娯楽として考え利用する程度が結びついていることを明らかにしています。娯楽としてであってもステレオタイプを使用し続けていると、ステレオタイプは強固なものになっていくのです。

血液型で人を判断することが他者に不快感を与え、差別にもつながるという批判をうけた人が、反論の一つとして「自分は遊びでしか使わない」と主張することがあります。しかし遊びとしてでも血液型ステレオタイプを用いることは、血液型と特定のイメージの結びつきをさらに強化する、つまりステレオタイプの自動的活性化をますます促進することになります。そして、意識的コントロールが行われにくい場合には、自分でも気付かないうちに相手を血液型ステレオタイプに合わせた形で判断してしまう可能性があるのです。

抑制のリバウンド効果

ステレオタイプが自動的に活性化されやすいことはわかりましたが、常にステレオタイプにもとづかないよう気をつけていれば、ステレオタイプ化は避けられるのでしょうか。実は、現実はそう単純ではありません。ステレオタイプを抑制しよう、ステレオタイプにもとづく反応を避けようと努力することによって、かえってステレオタイプ化が促進される場合があることが知られています。これをステレオタイプ抑制によるリバウンド効果（rebound effect）とよんでいます。

このリバウンド効果を示した研究のひとつ、マクレら（一九九四）の実験をみてみましょう。まず実験一（図19）では、被験者はスキンヘッドの男性の写真を見て、その人物の典型的な一日を記述するように伝えられます。これが記述課題1です。このとき被験者の半分は「ステレオタイプにもとづいて考えるのを積極的に避けてほしい」と教示するステレオタイプ抑制条件に割り当てられます。残り半分は、教示なし条件です。続いて別のスキンヘッドの男性写真を見て、典型的な一日を記述するように伝えられます（記述課題2）。このときはどちらの条件でも抑制教示はありません。実験終了後、記述課題1と2

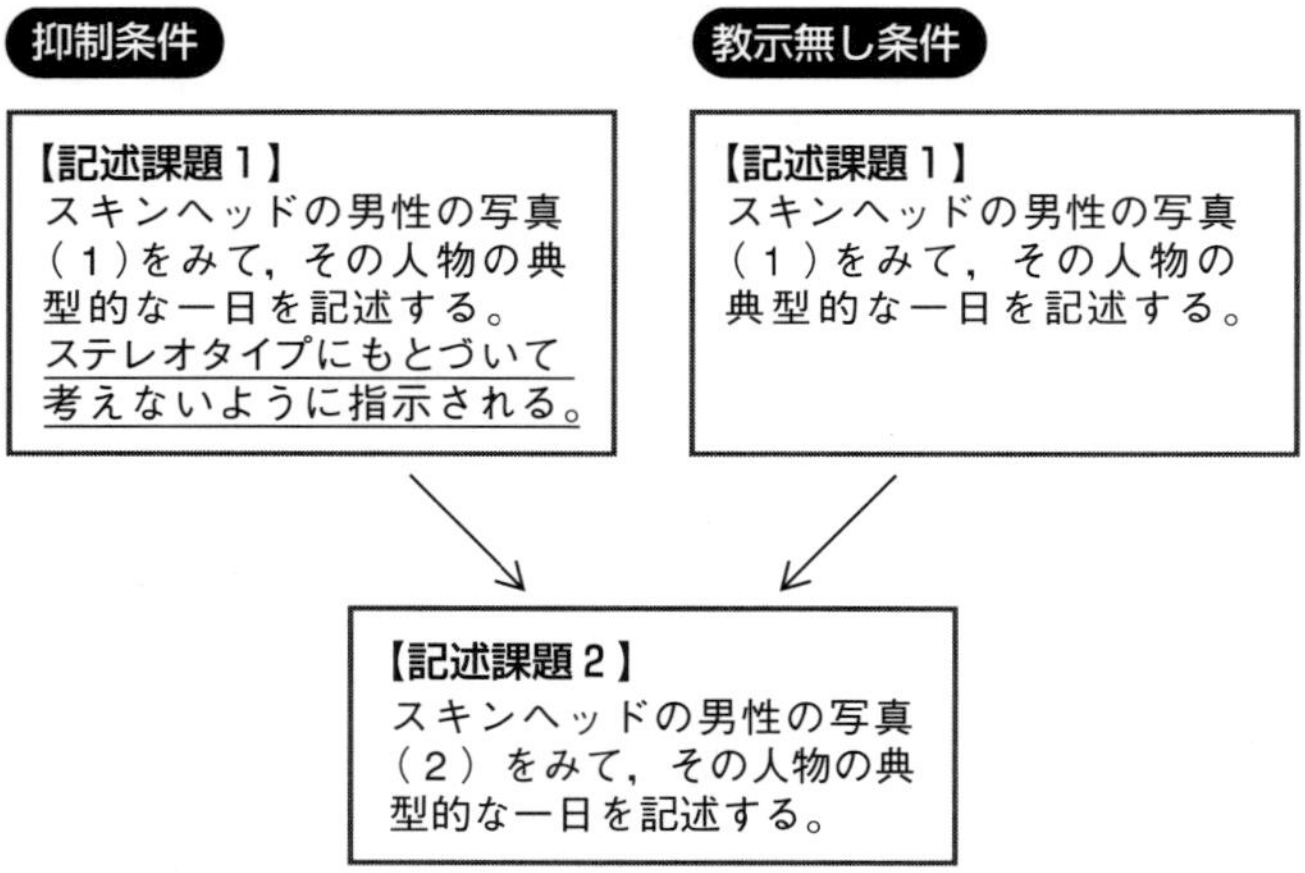
抑制条件
【記述課題１】
スキンヘッドの男性の写真（１）をみて，その人物の典型的な一日を記述する。
ステレオタイプにもとづいて考えないように指示される。
教示無し条件
【記述課題１】
スキンヘッドの男性の写真（１）をみて，その人物の典型的な一日を記述する。
【記述課題２】
スキンヘッドの男性の写真（２）をみて，その人物の典型的な一日を記述する。

図19　マクレら（1994）の実験１の流れ

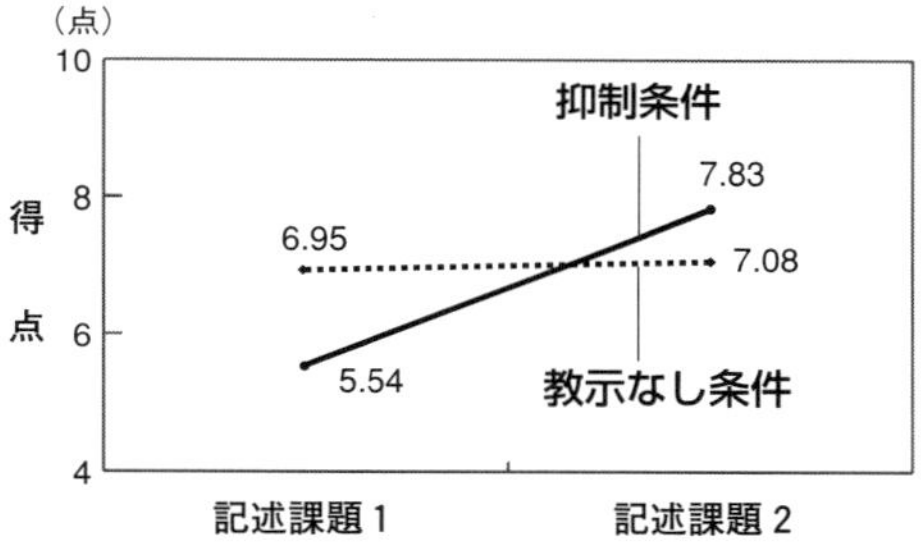

図20　記述がステレオタイプ化されている過程（マクレら，1994実験１）
評定者が各文章を「全くステレオタイプ的でない（１点）」～「非常にステレオタイプ的である（９点）」の９段階評定法で得点化した結果の平均値。得点が高いほど，記述がステレオタイプ的であることを示している。

の内容が、それぞれどの程度ステレオタイプ化されているか、別の評定者が判断しました。

その結果は、図20に示すとおりです。各条件で記述課題結果を比較すると、記述1では確かに抑制条件のほうが、ステレオタイプ化されない内容を書いています。しかし抑制の指示がなくなった記述2では、抑制条件のほうが教示なし条件よりも、ステレオタイプ化された記述をしていました。この実験では、ステレオタイプ化を避けようとすることが、逆にその後のステレオタイプ化を促進することにつながっていたのです。

次に実験二では、実験一と同様の課題を行った後で、被験者は「これからスキ

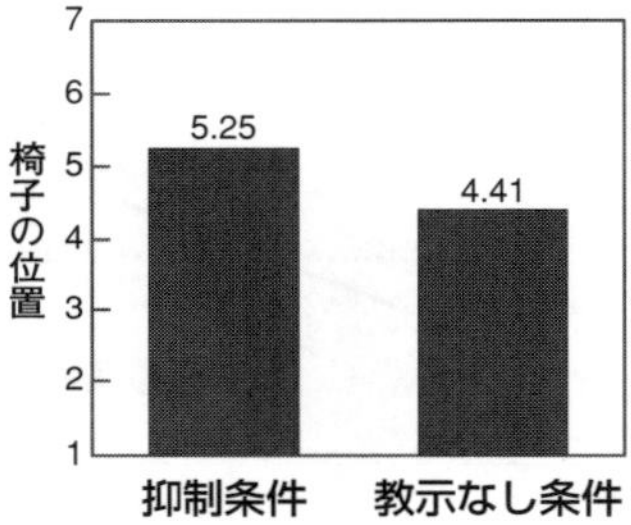

図21　待合室の椅子の位置（マクレら，1994実験２）
数値は，スキンヘッドの男性の荷物から何脚先の席に座ったかの平均値を示している。隣の席に座った場合が１，もっとも遠くに座った場合が７となっている。

ンヘッドの男性に会ってもらう」と説明され隣の部屋へ移動します。隣室には一人がけの椅子が八脚置かれており、一番端の席にスキンヘッドの男性のものと思われる荷物が置いてあります。被験者は好きな席に座って待っていてほしいと教示されますが、そのときに被験者がスキンヘッドの男性の席からどのくらい離れた席を選ぶかが観察されます。その結果、実験一の場面で抑制条件であった被験者のほうが、教示なし条件であった被験者よりもスキンヘッドの男性の席から離れて座ることがわかりました（図21）。この結果もステレオタイプを抑制しようとする意識が、かえってステレオタイプの活性化をうながしてしまうことを示しています。

リバウンド効果が生じるわけ

それではなぜ、リバウンド効果が生じてしまうのでしょうか。ウェグナーら（ウェグナー 一九九四、ウェグナーとエルバー 一九九二）は、ステレオタイプの抑制には「コントロール化された認知過程」と「自動的な認知過程」の二つが関連しており、その両過程の作用の仕方によってリバウンド効果が生じると考えています。もしあなたが「××について考えてはいけない」と命令されたとき、どうやってそれを実行しようとするでしょうか。たぶん、別の何かについて考えることで、禁止されたものを思い浮かべないようにするのではないでしょうか。この別の何かを考える過程が、第一のコントロール化された認知過程です。つまり、望ましくない思考から注意をそらすために、意識して望ましくない思考と関係ないことを探す過程（注意散逸対象を探す過程）です。ただしこのとき、私達の頭の中には、望ましくない思考をきちんと抑制できているかを監視（モニター）する過程が、自動的に生じています。これが第二の自動的認知過程です。この自動的過程も対象を抑制させるために生じているのですが、皮肉なことに、抑制を監視するためには抑制しなければならない対象に絶えず敏感になっている必要があります。つまり自動的な監視過程が、絶えず抑制対象へのアクセサビリティを高め続けることになるのです。アクセサビリティとは、ステレオタイプなどの認知要素が使われやすくなっている程度のことです。そしてコントロール化された注意散逸対象を探す過程が十分な認知資源を必要とするのに対し、自動的な監視過程は、認知資源をほとんど必要としないと考えられています。

この二つの過程が同時に機能すると抑制は成功します。しかし、忙しかったり他のことに気を取られていたり、あるいは抑制が解除されるなど注意散逸対象を探すコントロール化された過程が作用しなくなると、自動的な監視過程だけが残ってしまい、対象へのアクセサビリティが高まったまま、抑制すべきステレオタイプがよけいに活性化しやすくなってしまいます。このためにリバウンド効果が生じるとウェグナーらは考察しています。

リバウンド効果を避けるには

ただし実際には思考の抑制がいつもリバウンド効果をもたらすわけではありません。たとえばブレアとバナジ（一九九六）は、ステレオタイプに反するような期待をもつことが、ステレオタイプに自動的に接触する過程を生じさせにくくすることを実験によって示しています。また大江と岡（一九九九）は、この知見をステレオタイプ抑制の問題に位置づけ、抑制時に特定の期待を意図的にもつことによって、ステレオタイプへの自動的な接触過程を防ぎ、リバウンド効果を生じさせない認知方略になる可能性を指摘しています。ここで例としてあげられているのは、「女性は優しい・弱い」というステレオタイプに対して、「女性は厳しい・

強い」という反ステレオタイプ的期待や、「女性にも厳しい人や強い人がたくさんいる」という期待を意図的にもつことによって、リバウンド効果を生じさせずに、特定の女性を判断するときに「優しい・弱い」と判断しにくくなるというものです。

また分離モデルを提出したデヴァイン（一九八九）は、その論文の中で、幼少期から形成された文化的ステレオタイプを変化させるためには、偏見的な考えや反応を単に抑制するだけではなく、平等主義的な新しい考えを、特定のカテゴリーに改めて結びつけることが必要だと論考しています。たとえば、偏見をもたれている集団の成員に対したとき、そのつど、個人的信念について考え、平等主義的価値観を活性化させるのです。活性化を繰り返すことにより、成員と非偏見的態度や信念との結びつきがより強くなり、反対に、以前抱いていた偏見的考えとの結びつきが弱まるとデヴァインは論考しています。このように考えれば、否定的ステレオタイプを抑制することは短期的にはリバウンド効果を生じさせるかもしれませんが、長期的には、ステレオタイプや偏見を変容させることが可能と考えられます。ただし、以前に形成していた知識のネットワークを壊し、新たなネットワークを形成するわけですから、変容には十分な時間が必要でしょう。

●カテゴリーにもとづく情報処理と個人化された情報処理

本章ではここまで、ステレオタイプが維持される背景に、一度形成された信念を維持しようとする仮説確証型の情報処理傾向と、ステレオタイプの自動的活性化があることをみてきました。これらはいずれも、人が他者を判断する際の情報処理の流れの中で生じる基本的特徴であると位置づけられています。社会心理の分野では、対人認知過程に関するモデルがいくつか提出されています。これらのモデルの中で、ステレオタイプ化がどのように関わっているのか、代表的なモデルを二つ取り上げて簡単に紹介してみましょう。

二重処理モデル

ブリューワー（一九八八）は、対人認知のプロセスについて二重処理モデル（dual process model）を提出しています（図22）。

他者を前にしたとき、私たちはまず、相手の人種・性・年齢などを自動的にカテゴリーに当てはめて判断します。相手のことをそれ以上知る必要がない（自分とは関連性がない）場合には、情報処理はこの自動処理の段階で終了します。しかし、もっと相手のことを知る必要があるときには、次の統制処理の段階に進みます。ブリューワーは、この段階の処

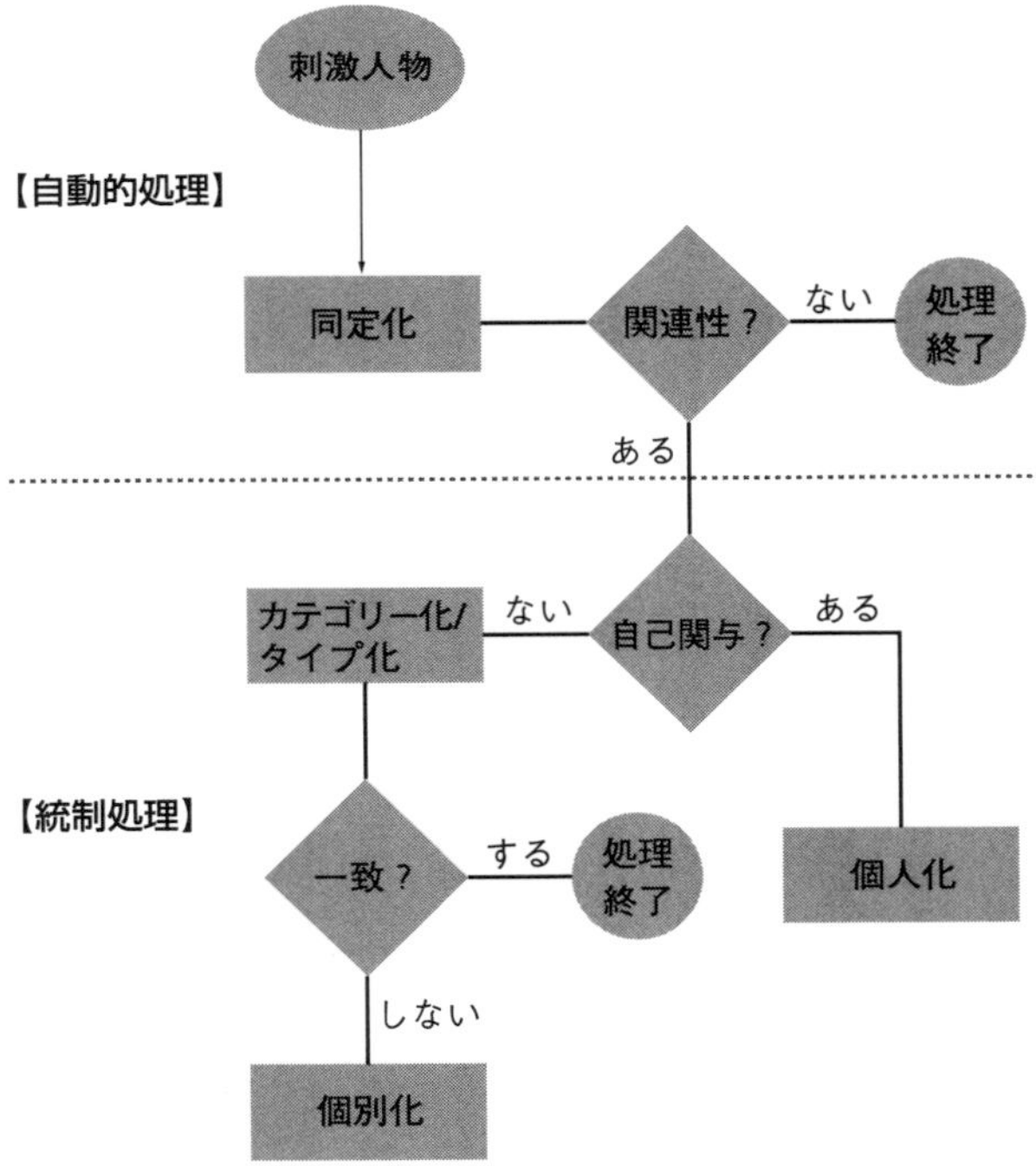

図22　対人認知の二重処理モデル（ブリューワー，1988）

理には、「カテゴリーベースのモード」と、「個人ベースのモード」があると考えています。

このうち「カテゴリーベースのモード」は、私たちが頭の中にすでに形成している情報にもとづき、ステレオタイプ化して相手を判断する場合です。相手についてさほど深く知る必要がない（自己関与がない）場合には、この処理モードが選択されます。相手がカテゴリーによく当てはまっていれば、それで情報処理は終了しますし、当てはまらないときには特殊事例として個別化（individuation）して理解されることになります。ある社会的カテゴリーの一員であるけれど、例外的で特殊な人物として判断されるのです。先にサブタイプ化についてふれましたが、それもこの個別化の過程の一つです。個別化の判断が行われても、特定の社会的カテゴリーは活性化され、カテゴリーにもとづく判断がなされています。

一方、「個人ベースのモード」では、相手の固有の特徴に注目して印象が形成されます。これは、相手が自分にとって深く関与したい人物に対して行われる情報処理です。ここではカテゴリーに関連する情報は重要とされません。この処理過程では、ステレオタイプにもとづかない、個人化（personalization）された情報処理が行われます。この処理過程では、相手の所属している社会的カテゴリーは、その個人の属性の一つとなります。

連続体モデル

フィスクとニューバーグ（一九九〇）は、カテゴリーベースから個人ベースへの移行を連続したものととらえる、連続体モデル（continuum model）を提出しています。その流れは図23に示すとおりです。

他者を判断するときに、私たちは必ずいったん何らかの社会的カテゴリーに当てはめます。そして、他者が自分にとって重要な人物だったり関心がある場合には、相手の属性や特徴に注意が向けられます。このとき、その属性や特徴をもとに、カテゴリーにもとづいた確証的な判断が行われたり、確証的判断にうまく当てはまらない場合には再カテゴリー化が行われたりして、さらに詳細な判断につながっていくと仮定されています。カテゴリーにもとづく判断がステレオタイプ化です。ここでは相手にどの程度注意を向けるかが、ステレオタイプ化の回避に重要となってきます。相手に注意を向けて詳細な判断が行われるほど、ステレオタイプ化は回避されやすくなります。、相手に注意が向けられなければカテゴリーにもとづいたステレオタイプ化が生じると考えられます。

勢力とステレオタイプ化

この連続体モデルを提出したフィスクは、注意によるステレオタイプ化の回避について集団における勢力という点から考察しています（フィスク 一九九三、エバハートとフィスク 一九九六、デュプレとフィ

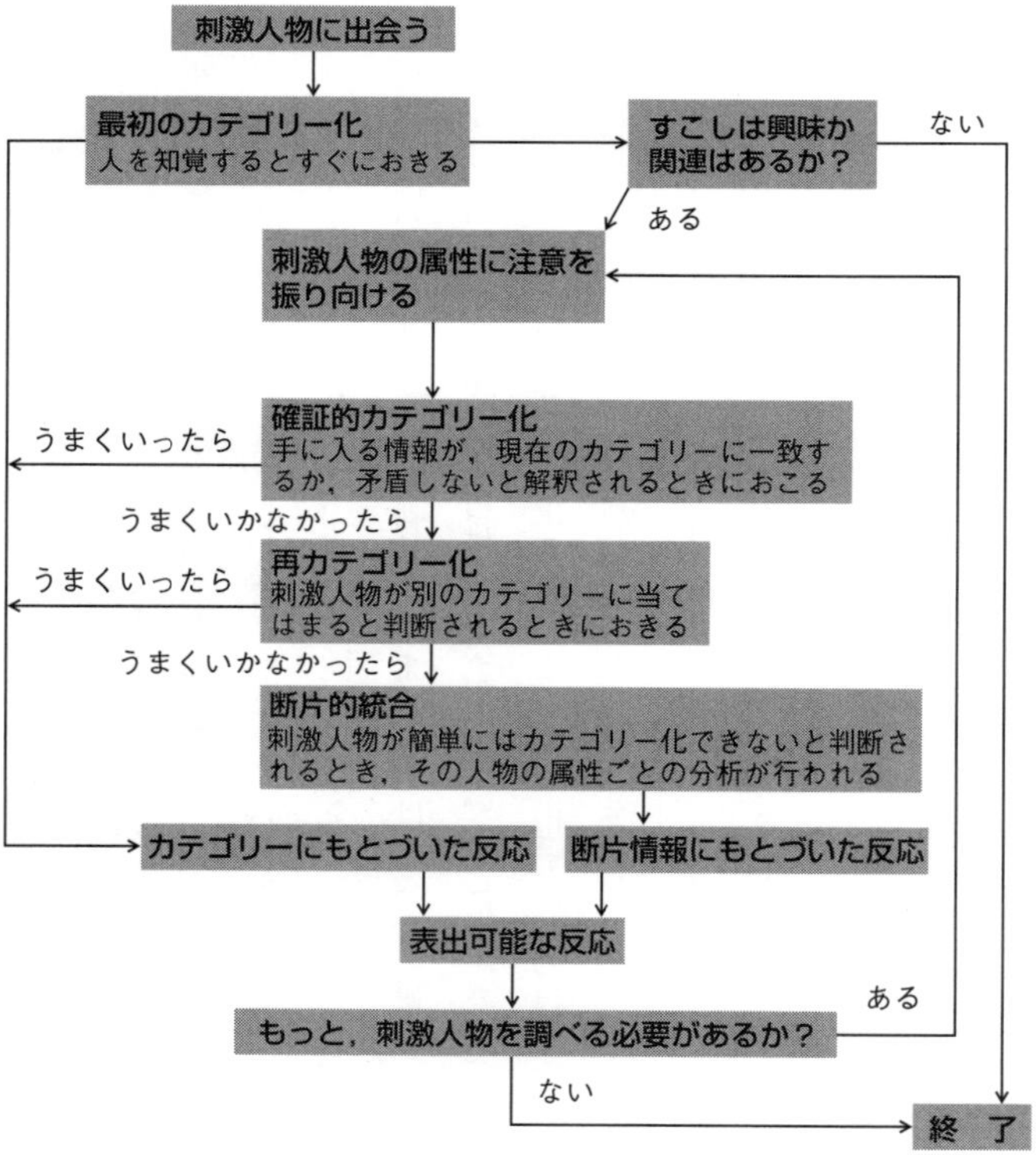

図23　連続体モデル（フィスクとニューバーグ，1990）

スク 一九九六など）。勢力のないもの（統制される側）は勢力のあるもの（統制する側）の行動によって自分の結果が左右されてしまうので、勢力者に注意を向けます。したがって、勢力者はステレオタイプ化されることが少ないと考えられます。逆に、勢力者は非勢力者によって統制されないので、相手を正確に見ようという動機が欠如してしまいます。さらに、勢力者は下位のものが大勢おり、認知的に過負荷（処理しなければならない情報がとても多い）状況にあるため、非勢力者に注意を向ける能力が低くなっていると考えられます。したがって、非勢力者はステレオタイプ化されやすいのです。

エバハートとフィスク（一九九六）では、この知見を「勢力のある男性」「勢力のない女性」という社会的構造の中で、女性がステレオタイプ化されやすい理由の解釈に用いています。たとえば会社の中で、男性上司が女性部下たちを、「細かい事務仕事に向いている」「責任ある仕事はまかせられない」などとステレオタイプ化し、十把ひとからげに扱っているような場合を考えてみましょう。なぜ女性がステレオタイプ化されやすいかというと、このような職場では勢力者が男性、その下にいるのが女性という構造になっているからです。男性上司が女性部下全体を統制する大きな勢力をもっていれば、部下を正確にみようという気は起こりにくくなります。「忙しいから一人一人のことなど考えていられない」ということにもなってきます。しかしもしこれが対等な地位関係だったら、男性も、自分に力を行使する女性をもっと真剣にみようとするでしょう。つまり女性が勢力をもっていないことが、ステレオタイプ化される要因になっているとフィスクらは考察しているのです。

本章では対人情報処理に関する二つのモデルを紹介しましたが、これらはいずれも、人間はカテゴリーにもとづくステレオタイプ化を行いやすいこと、そして何かの必要性があったときに改めて個々の事例に対応した処理を行うという姿を念頭においています。ステレオタイプ化を避けたり内容を変化させるにはその基本的な流れを一度ストップし、相手に注意を向け、カテゴリーではなく固有の特徴から相手を見ることが必要なのです。

●ステレオタイプ・偏見の社会的機能

ここまで、ステレオタイプ・偏見が維持される傾向について個人の認知の仕組みにもとづいて考えてきました。しかし実際には、ステレオタイプの維持は個人内の認知の問題だけにとどまりません。社会の側が特定のステレオタイプや偏見を必要としている場合があるからです。タジフェル（一九八一）は、ステレオタイプの社会的機能として「社会的因果律の提供」「社会的正当化」「社会的差異化」をあげています（ホッグとアブラムス 一九八八)。

第一の社会的因果律の提供とは、複雑で悩みの種となるような社会的事象を説明する原理をステレオタイプが提供することです。たとえばナチスドイツが、一九三〇年代のドイツの経済危機をユダヤ人のせいにして、スケープゴート化(責任を特定の人(々)に押しつけて非難)したことなどがあてはまります。このときユダヤ人に対するステレオタイプは、社会問題に対する解答として利用されました。

第二の社会的正当化とは、ある集団に対してすでになされたことや、これから行おうとすることを正当化するために、ステレオタイプが利用されることです。少数民族が社会的に低い地位にいたり、住む場所のない人が路上で生活していることを、本人たちが否定的な特徴をもっているためとステレオタイプ化して考えることで正当化しようとする心理などがこれにあたります。本人の問題だと考えることで、社会が差別していること、あるいは人々が何も手助けしていないことが正当化されます。

第三の社会的差異化とは、内集団と外集団の区別を明確にするためにステレオタイプが利用されることです。低地位にあった人々が力をつけ始めて地位による集団差があいまいになった社会で、高地位の人々が低地位の人々と自分たちとはいかに違うかを明確にするために、ステレオタイプを利用する場合などにあたります。自分の所属する集団の地位が、別の集団によって脅かされるようなときに、内集団を高揚させるようなステレオタイプが強調されるのです。

このように、現在あるステレオタイプが社会システムの維持のために利用されているようなときは、さまざまな反証が提出されても、変容や解消につながりにくいといえます。社会がステレオタイプ・偏見を、さまざまな手段を用いて維持させていこうとするからです。

法律や社会制度、あるいはマスメディアなどが提示する社会的現実感も、ステレオタイプに正当性を与え維持させる大きな要因です。「法律で決まっているから」「皆が信じているから」「習慣的にそうしているから」ということが、「現実である」(正しい)という感覚を与えるのです。この影響は、図11で「リアリティ」とある部分で生じますが、この社会的な影響過程については、池田(一九九三)で詳細に指摘されています。このように、周囲の情報そのものがステレオタイプ化され偏見的である場合は、歪んだ文化的ステレオタイプが私たちの中に知識として形成され、情報処理に影響を与えてしまいます。そしてステレオタイプや偏見には、個人の自尊心を維持する、あるいは社会全体のシステムを正当化する働きがあるために、変容には強い抵抗が生じるのです。

4・否定的ステレオタイプ・偏見をもたれる側の心理

前章までは、私たちがなぜ、他者をステレオタイプ化してみてしまうのかみてきましたが、本章では少し視点を変えて、ステレオタイプ化される、あるいは偏見をもたれる側の心理について取り上げてみたいと思います。

ここではまず、スティグマという言葉を用いて、否定的な偏見・差別を被る原因となる属性について考えてみます。その後に、ステレオタイプ化され偏見をもたれる側が経験する否定的な心理過程の例としてステレオタイプ脅威と帰属の曖昧性の二つを紹介します。そして最後にスティグマをもつ人の、否定的経験への対処反応について説明します。

●スティグマ

社会にはさまざまなステレオタイプや偏見がありますが、とくにある属性をもつ人々に対し、否定的ステレオタイプが抱かれ、差別や偏見の対象になっていることは、大きな社会問題の一つです。この否定的な社会的アイデンティティをもたらす属性は、スティグマ（stigma）とよばれています。スティグマは「負の烙印」とよばれるように、これをもつことで望ましくない存在として他人から蔑視や不信を受け、社会から十分に受け入れられる資格を奪うものでもあります。

何がスティグマとなるのか

スティグマという言葉はもともと、古代ギリシアで奴隷・犯罪者・反逆者などを意味するものとして、身体を切られたり焼かれたりしたサインやマークを示していました。現代のスティグマの概念は社会学者のゴッフマン（一九六三）によって提出されたものです。ゴッフマンはさまざまなスティグマをあげ、それを「人種・民族・宗教などの集団的なもの」「身体的ハンディキャップなどの肉体に関するもの」「犯罪や精神疾患など記録から推測される性格上の欠点」の三つに分類しています。しかし実際に何がスティグマとなるのかは、時代・文化・状況などによって異なります。たとえば、「太っていること」は近年の日本では好ましくないことととなっていて、ダイエットに励む人が多いようです。しかし、食事を十分とることが困難であった時代には、太っていることは富や健康の証でもありました。また太っていることを好ましいと思う人だけが集まっている場面では、太っていることはスティグマにはなりません。このように、何がスティグマとなるのかはさまざまな文脈によるのです。国籍、性、学歴、外見、あるいは心身に障害をもつなど、否定的ステレオタイプや偏見の対象となることは誰にでもあり得ることです。

苦境を左右する条件

スティグマによってもたらされる苦境の性質や程度は、各スティグマがもつ条件によって違っています。ジョーンズら（一九八四）はスティグマのタイプを左右する条件として次の六つをあげています。

①隠蔽性（concealability）　他者から隠すことができるか否か。
②方向（course）　時間の経過による変化や最終的な結果。
③阻害性（disruptiveness）　どの程度、社会的相互作用を妨害するのか。
④審美的な質（aesthetic qualities）　どの程度不快感を与え、他者を動揺させるのか。
⑤原因（origin）　どのようにして獲得され、誰に責任があるのか。
⑥危険性（peril）　他者にとってどの程度危険なことか。

一方クロッカーら（一九九八）は、可視性（visibility）と制御可能性（controllability）の二つがスティグマをもつ人の主観的経験を理解するうえで重要だとしています。第一の可視性とは、そのスティグマが目に見えるか否かということです。人種・体型・身体の障害などは簡単に隠せないため、これらのスティグマは他者と接するときに、まず手がかりとして用いられることが予測されます。反対に、隠蔽できるスティグマ（病気・宗教など）は、それを示さずに他者とやりとりすることが可能です。しかし隠蔽には自分の話す内容や行動を常に監視する必要があり、同時にいつ自分のスティグマを示すべきかを気にすることになります。

第二の制御可能性とは、そのスティグマが本人に制御（コントロール）できるか否かということです。制御可能と思われているスティグマをもつ人は、不可能と思われる場合と比べ、他者からより拒否され厳しく扱われます。本人が努力しないから、そのようなスティグマを負っているのだと思われるためです。実際には、スティグマの制御可能性は曖昧で、わからない場合も多いのですが、制御可能と考えられるか否かでスティグマをもつ人の拒否される程度が大きく違ってしまいます。たとえば肥満には、遺伝による（制御できない）とする考えと、個人の生活スタイルの問題（制御できる）とする考えが両方提出されています。これに関連してクランドール（一九九四）は、「体重は制御できる」と考えている人ほど、太った人に嫌悪を強く感じることを示しています。

またスティグマをもつ本人にも制御可能性の判断は影響を与えます。たとえば自分を「肥満」だと思っている人の中でも、「肥満は制御できる」と考える人はダイエットに励んだり、それが失敗すれば落ち込むかもしれません。しかし「肥満は制御できない」と考える人は、何もしなかったり、太っていることを肯定的に受け止めることに努力するかもしれません。

このように、スティグマをもつ人の苦境は条件によって異なります。しかし、スティグマをもつ人が偏見や差別の犠牲になる可能性に常にさらされていることは共通しています。しかもこの可能性は、本人の社会的地位や達成した業績にかかわらず存在するのです。これがスティグマのもたらす苦境の大きな特徴といえます。

さらに偏見や差別といった直接的なものだけでなく、スティグマはもっと微妙な形でもそれをもつ人の内面に影響を与えていきます。社会心理学では近年、スティグマをもつ人の微妙な心理過程に注目しています。この中から本章では、ステレオタイプ脅威と帰属の曖昧性の二つを紹介します。

●ステレオタイプ脅威

ステレオタイプ脅威（stereotype threat）とは、自分たちがステレオタイプに関連づけて判断され、扱われるかもしれない、自分の行動がそのステレオタイプを確証してしまうかもしれないという恐れのことを指しています。この知見は、スティールとアロンソン（一九九五）によって提出されました。彼らによれば、否定的ステレオタイプの特定の内容が、特定の文脈におけるその人の行動や態度に対してもっともらしい説明を提供するときに自己脅威が導かれます。「ステレオタイプに関連づけて判断されたり扱われたりするだろう」「行動をとおして、ステレオタイプに対する確信を与えるかもしれない」という恐れを感じ、アイデンティティが脅かされるのです。ステレオタイプ脅威は、ステレオタイプを内面化したり、受容していなくても生じます。むしろ、その領域を重要視し、成功したいと願い、ステレオタイプを否定したいと思う人に、非常に強く感じられるものと考えられています。

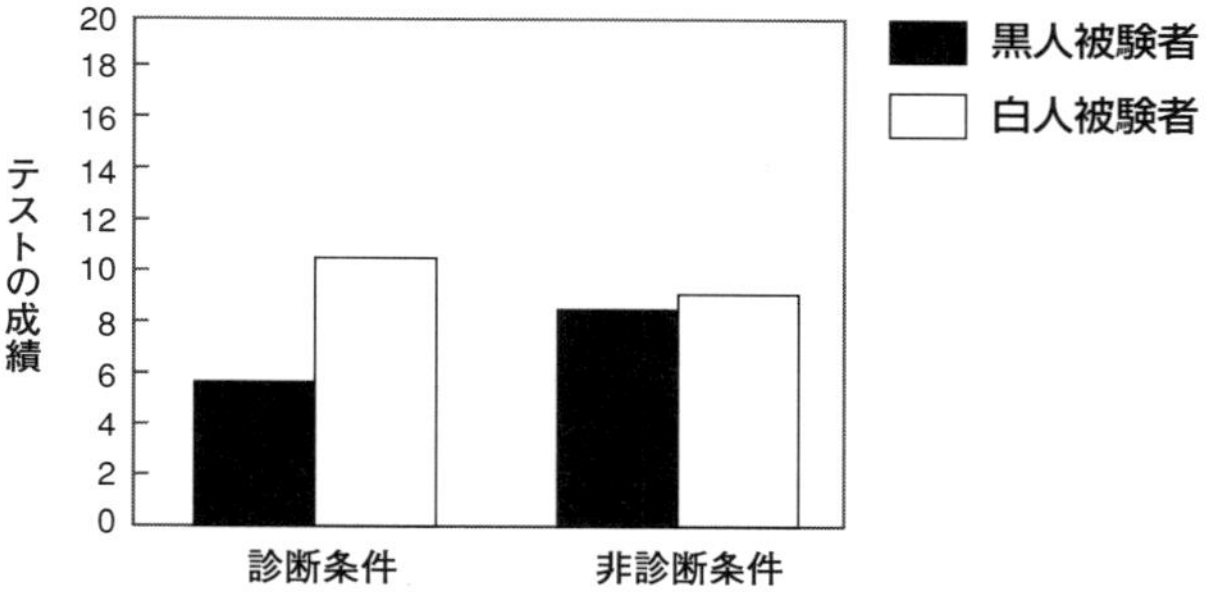

図24　テストの成績（スティールとアロンソン，1995 研究 2）
数値が高いほど回答した問題が多かったことを意味している。

人種に関わるステレオタイプ脅威

スティールとアロンソン（一九九五 研究二）は、黒人は知的に劣るというステレオタイプを念頭において、次のような実験を行っています。大学生（黒人と白人）に語句テストを実施します。その際に、知的な言語能力を判断するとあらかじめ説明する診断条件と、問題解決過程を分析する（知的能力は関係ない）と説明される非診断条件の二つを設けました。実験の結果、診断条件の黒人学生のみ、テストの成績が低くなっていました（図24）。また続く研究三でも類似の実験を行ったところ、診断条件の黒人学生は、他の条件よりも、語句の穴埋め課題を、人種に関する言葉（□□CE→RACE）や自己不信に関する言葉（W□□K→WEAK）で完成させました。

また個人的な情報の記述を求めた質問紙において、彼らは人種を明らかにしない傾向にありました。

同様の傾向は、女性は数学が苦手というステレオタイプについても検証されています。たとえば、クインとスペンサー（一九九六）は、数学の成績が同程度な男女に数学のテストを行いました（アロンソンら 一九九八）。その際に、本人の数学能力によってテスト結果の良し悪しが「明確に分かれる」と説明する高診断性条件と、「明確には分かれない」と説明する低診断性条件との二つを設定しました。テストの結果、低診断性条件では性別で成績に差はみられませんでしたが、高診断性条件では女性は男性よりも成績が悪くなっていました。これは女性が数学に対してステレオタイプ脅威を感じ、それがテストの際に障害となっていることを示しています。

性別に関わるステレオタイプ脅威

またスペンサーら（一九九七）は、数学のテストを実施する際に、一般的な教示を与えるだけで女性にステレオタイプ脅威が生じてしまうことを示唆しています。彼らは「テストには性差がない」と教示する条件と、一般的な教示をする条件を設定し、数学の成績が同等な男性と女性を被験者にして数学のテストを実施しました（アロンソンら 一九九八）。

その結果、性差がないと教示した条件では男女の成績に差はみられませんでしたが、一般的な教示をした条件では女性のほうが成績が低くなっていました。この研究結果は、女性の数学能力に対するステレオタイプ脅威を低減させるためには、「性差がない」と改めて教示する必要があること、そしてステレオタイプ確証に対する不安を低減させることで女性の成績が上昇することを示しています。

女性の数学不安については、わが国でも同様に、学業場面で算数や数学に対する不安が男子よりも女子に高いことが示されています。たとえば渡部と佐久間（一九八八）は、小学校五・六年生を対象にした調査結果から、女子は男子よりも算数の授業中あるいはテスト中にいやだと感じる場面が多く、算数不安が高いことを示しています。

また園田（二〇〇〇）は、学業の領域別の能力に関する性差研究をレビューし、理科的領域や空間認知能力において課題遂行能力が男女で異なるというよりも、課題に対する構えや関心のもち方、課題と自分との関係のとらえ方に性差があると結論づけています。そして女性が自ら「このような問題は女性には苦手である」との先入観をもち、それを内面化していることを問題点として提起しています。

これらの研究から、ステレオタイプ脅威状況は、関連する課題の遂行を邪魔するため、結果としてそのステレオタイプを実際に確証してしまう恐れのあることがわかります。さらにこのことは、ステレオタイプ脅威を感じる領域において、努力を避けたり、重要性を低くすることなどにもつながってくると考えられます。これら一連の過程が、3章で指摘した自己成就予言の現実化に関連しているといえるでしょう。

●帰属の曖昧性

スティグマをもつ人の内的過程を扱った研究としてもう一つ、帰属の曖昧性（attribution ambiguity）があります。

人は自分や他人の行動について、その行為をした人の意図あるいは成功・失敗の因果関係を知ろうとします。このとき、原因をどこにおくかという原因の認知の問題を原因帰属といっています。スティグマをもつ人は、生活の中で他者から否定的な結果を受けても、肯定的な結果を受けても、それがステレオタイプや偏見のせいなのか、もしくは本人の資質のせいなのか理由づけ（原因帰属）が曖昧になりがちです。これは帰属の曖昧性とよばれています。

なぜ帰属が曖昧になるかというと、たとえばスティグマをもっていると、偏見やステレオタイプのせいで他者から否定的に評価されることがあります。しかし他者は偏見を隠していたり、自分でも偏見に気づいていないことがあるため、悪い評価が偏見のせいだと断言することは難しいことが多いのです。また否定的評価すべてが偏見のせいだというわけではなく、中にはスティグマをもつ本人の落ち度である場合もあります。したがってスティグマをもつ人は、他者から否定的結果を受けた場合、それが本人の遂行が劣っていたり状況が悪かったりしたせいなのか、相手の偏見や差別のせいなのかをはっきりすることができず、原因帰属が曖昧になりやすいのです。

また肯定的結果を受けた場合でも、帰属は曖昧になります。なぜならスティグマをもつ人への反応は時に、スティグマをもたない人への反応よりも、ポジティブであることがあるからです（ハーバー 一九九八）。たとえば、自分のもっている偏見を隠すためにスティグマをもつ人を評価しているように振舞ったり、偏見的でないことを強調するために実際以上に評価しているように振舞う場合があるわけです。したがって肯定的結果が生じたときには、肯定的意味合いを割引いて考える必要が生じてきます。しかし本当の評価を示す人もいるため、必ずしも割引きが必要とも限らず、相手の真意を常に注意する必要が生じてきます。

このようにスティグマをもつ人は、相手の行動が肯定的なものであっても否定的なものであっても、その行動が自分たちのスティグマへの反応なのか、それとも自分自身の個人的資質に対する反応なのか不明確になります（クロッカーとメジャー 一九八九、クロッカーら 一九九一、メジャーとクロッカー 一九九三）。

帰属の曖昧性を示す実験例

クロッカーら（一九九一 研究二）は、黒人と白人の自己評価問題を検討しています。この実験は、図25に示す形で行われます。被験者（黒人・白人）は友人関係の進展について調べる研究といわれて実験に参加します。被験者は実験室に入るとまず、自分の長所や欠点そして自己評価など個人的内容について質問紙に回答するよう指示され、隣の部屋には先に来た別の白人大学生が待っていると告げられます。このとき、半分の被験者は、隣の部屋との境にあるワン・ウェイ・ミラーにかかっているブラインドが開いていて、隣の部屋からは自分の姿が見えている（自分の人種が知られている）と思い込まされる「可視条件」に振り分けられます。残りの被験者は、ブラインドが閉まっていて隣の部屋から自分の姿は見えない（自分の人種が知られていない）と思い込まされる「不可視条件」に振り分けられます。被験者が質問紙に回答し終わると、実験者がその回答を隣の部屋にいる白人大学生にこれを見せに行きます。隣の部屋にいる白人大学生は回答を読んで、この被験者とどのくらい「ルームメイトになれそうか」「一緒に授業を受けられそうか」などの質問紙に答え、それを今度は

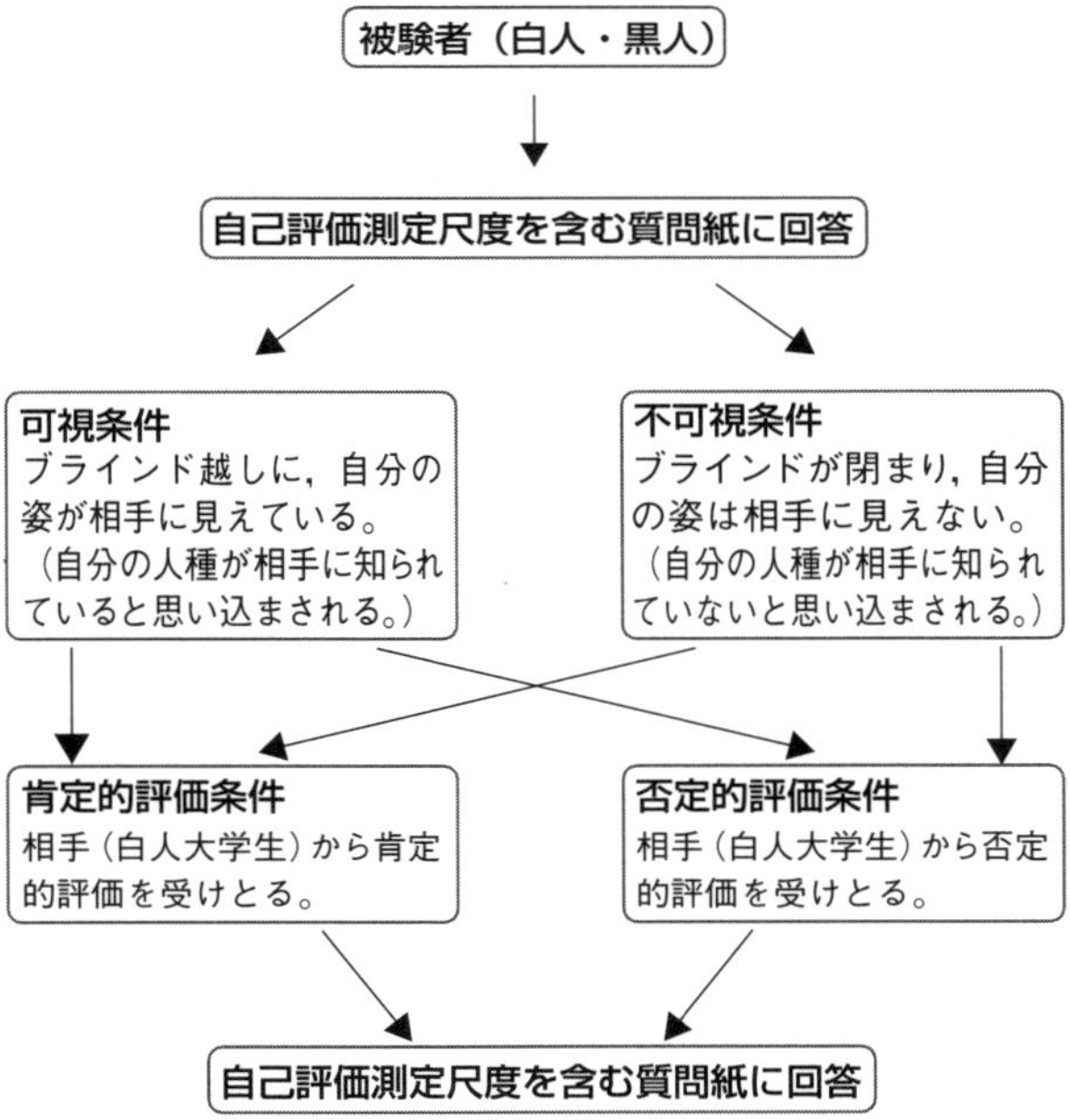
被験者（白人・黒人）
自己評価測定尺度を含む質問紙に回答
可視条件
ブラインド越しに，自分の姿が相手に見えている。
（自分の人種が相手に知られていると思い込まされる。）
不可視条件
ブラインドが閉まり，自分の姿は相手に見えない。
（自分の人種が相手に知られていないと思い込まされる。）
肯定的評価条件
相手（白人大学生）から肯定的評価を受けとる。
否定的評価条件
相手（白人大学生）から否定的評価を受けとる。
自己評価測定尺度を含む質問紙に回答

図25　クロッカーら（1991 研究2）の実験の流れ

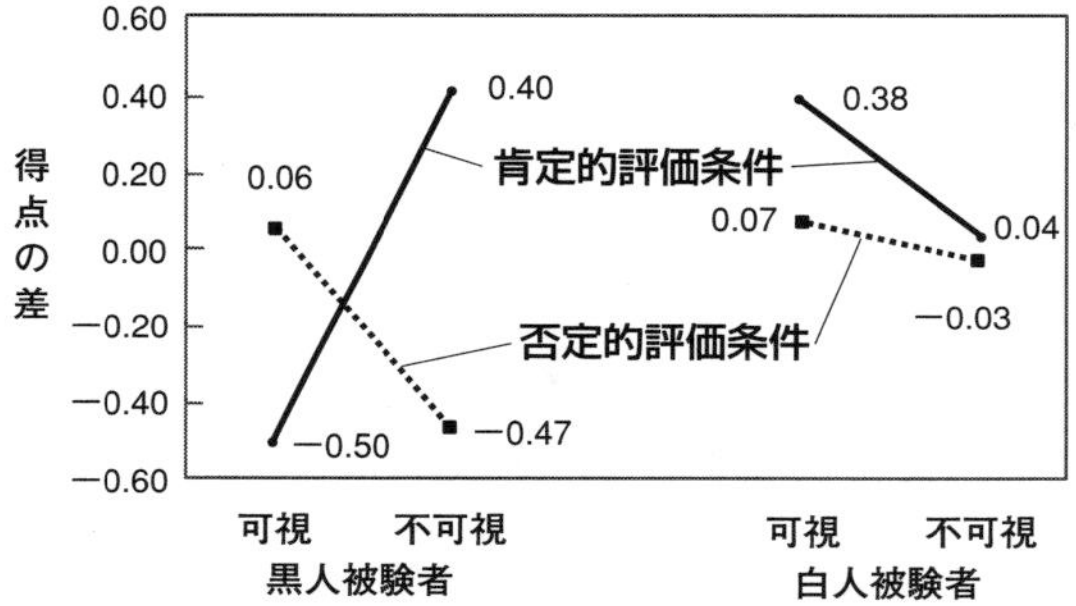

図26　自己評価の変化（クロッカーら，1991 研究 2）
値は，事後得点から事前得点を引いたものを示している（両得点とも標準化した値を用いている）。数値が高いほど，事後に自己評価が上昇していることを示している。

被験者が実験者から受けとります。ただし、実際には白人大学生は隣の部屋におらず、被験者が受けとる回答もあらかじめ作成されたものでした。このとき、半分の被験者はとても好意的な回答を受けとる肯定的評価条件に、残りの被験者はとても非好意的な回答を受けとる否定的評価条件に振り分けられました。被験者は受けとった回答を読んだ後に、ふたたび自己評価を含む質問紙に回答します。

相手から受けとった回答によって被験者の自己評価がどの程度変化したのか、実験後の得点から実験前の得点を引いて算出したところ、図26に示すようになりました。黒人被験者は、受けとる回答の内容と可視性の組合せで自己評価が変化し、とくに肯定的評価を受けとったときに可視性の条件差が開いていました。隣の部屋の白人学生が自分の人種を知らないと思っているときには、肯定的評価を受けとると自己評価は増加しました。しかし相手が自分の人種を知っていると思っているときに肯定的評価を受けとると、自己評価は低下してしまったのです。これは肯定的結果を受けとっても、肯定性の割引きが生じたために、逆に自己評価の低下を招いたのだとクロッカーらは分析しています。つまり自分を好意的に評価する結果を受けとっても、「私のことを悪く評定したら人種偏見があると非難されると思って、偽って好ましく評定したに違いない。本当は私に対する評価はもっと悪いはず」と考えてしまい、回答の肯定度を割り引いて判断したというわけです。この実験結果は、黒人が同様の結果を受けとっても可視性によって解釈を変化させる、つまりフィードバックの性質によって帰属を変化させることを示しています。このことは、黒人がおかれた帰属の曖昧性を確認したものでもあります。

帰属の曖昧性から生じる問題

これらの帰属の曖昧さは、結果として自分の能力を査定したり、潜在能力を測定するのが困難（メジャーとクロッカー 一九九三）という結果を招いてしまいます。なぜなら私たちは自分の評価を、他者が自分をどう評価しているかをもとにして判断しているからです。他者の自分に対する評価が曖昧であることは、結局自分自身への評価を把握できないことにつながります。自分の能力を正確に把握することは、自分の進むべき方向やその手段を考えるうえで非常に重要なことですから、これが困難であることは大きな問題といえるでしょう。また相手の評価の性質を把握するときに、状況や他者について注意深い観察や分析などが必要となり、認知的資源を多く使ってしまうとの問題もあります。さらに、相手が自分について否定的評価を行ったのは、本当は偏見・ステレオタイプのせいなのに、自分の能力がないためと思ってしまったり、逆に成功しても他者がかいかぶっているだけと自分を実際よりも低く評価する可能性がある点も問題です。これはスティグマをもつ人の自己評価に有害な影響を及ぼすと考えられます。

現代的な偏見が帰属の曖昧性を高める

2章でふれたように、現代的な偏見は昔のように露骨なものではなく、一見差別とは判断できかねるようなものになっています。アメリカでは白人は人種差別的な否定的感情を抱いていても表面的にはそれを隠したり、否定的感情をもっていること自体を自分が意識するのを避けようとしているけれど、差別的な判断をしてもそれが差別以外の別の理由をつけられる場合には偏見が現れると指摘されています。また、白人は黒人が不利な立場におかれていることに同情する一方で、社会のルールから逸脱していると否定的感情を抱くというアンビバレントな態度を抱いているとの指摘もあります（カッツ 一九八一、カッツとハス 一九八八）。つまり黒人が白人から好意的に評価されても、心の底では否定的に評価されたり嫌われている可能性があるのです。このような状況では、黒人は白人から肯定的評価を受けとっても、本当に相手が肯定的に自分を評価しているのか、それとも偏見を隠すためなのかを、常に考えなければならなくなります。そして本当はもっと自分を否定的に評価しているに違いないと、相手からの肯定的評価を割り引いて考える場面が多くなっていくのです。

人種の他にも、女性や障害者に対する偏見など、社会的規範がその表明を禁止しているものについては、同様に表面的な評価と実際の評価とのズレがある可能性があります。クロッカーら（一九九八）は、現代の偏見表現が微妙で間接的になったことが、スティグマをもつ人の自己評価への脅威を、以前よりも強めてしまっていると指摘しています。なぜならスティグマをもつ人は、明確な偏見を示されない代わりに、あらゆる場面で背後にある偏見の可能性を推測し、結果を割り引く必要が多くなるからです。

以上のような要因のため、相手の示す肯定的・否定的シグナルの原因がわかるまで、スティグマをもつ人は相手と積極的にやりとりすることには躊躇を感じるという問題にもつながってきます。

●偏見・差別への帰属に関する問題

ここまで示してきたように、スティグマはそれをもつ人の心に複雑な影響を与えていきますが、スティグマをもつ人は、その否定的な影響（苦境）にどのように対処しているのでしょうか。本章の後半では、この対処のあり方について扱った研究を紹介します。

それぞれの具体的場面は異なりますが、もしスティグマをもつ人が、もたない人と比べて否定的な経験をするならば、それはステレオタイプや偏見や差別のせいです。したがって、苦境を経験したときに「これは差別や偏見であって自分の本来の価値とは関係ないのだ」と判断すれば、自分について否定的に思わなくてすみ、またそれが正当なことのように思えます。しかしながら、差別・偏見を経験した人が必ずしもその原因をスティグマにおかないことが指摘されています。

差別・偏見への帰属に関する実験例

たとえば、ルギエロとテイラー（一九九五、一九九七）は、スティグマをもつ人々が自己への否定的評価を、なかなか差別には帰属しないことを示しています。女性を被験者にした実験（ルギエロとテイラー 一九九五）では、女性被験者が「将来のキャリア上の成功を判断するテスト」を受け、男性評定者から否定的結果を受けとります。ただしこのときに、この男性評定者が女性に対して差別的と推測できる程度が操作されています。受けとった否定的結果についてどう考えるかを尋ねたところ、男性評定者が女性に差別的傾向をもっている可能性が一〇〇％に近いときのみ、女性は否定的評価の原因を差別にあると考えました。しかし、可能性が高くても断言できないときは、差別よりも自分自身の回答の質を原因と考える傾向がありました（図27）。

帰属の問題に関する研究として他に、クロスビー（一九八二）は、賃金で差別されている女性従業員が、個人的に性差別を経験していることをめったに示さないと指摘しています。またテイラーら（一九八二、一九九四）は、スティグマをもつ集団の多くが、個人的な差別経験についていずれも非常に低く報告していることを示しています。

なぜ偏見・差別へ帰属しないのか

ではなぜ、スティグマをもつ人は自分が被った否定的結果を、偏見や差別に原因帰属しないのでしょうか。クロスビー（一九八二）は、そこに次のようなコストがあるからと考察してい

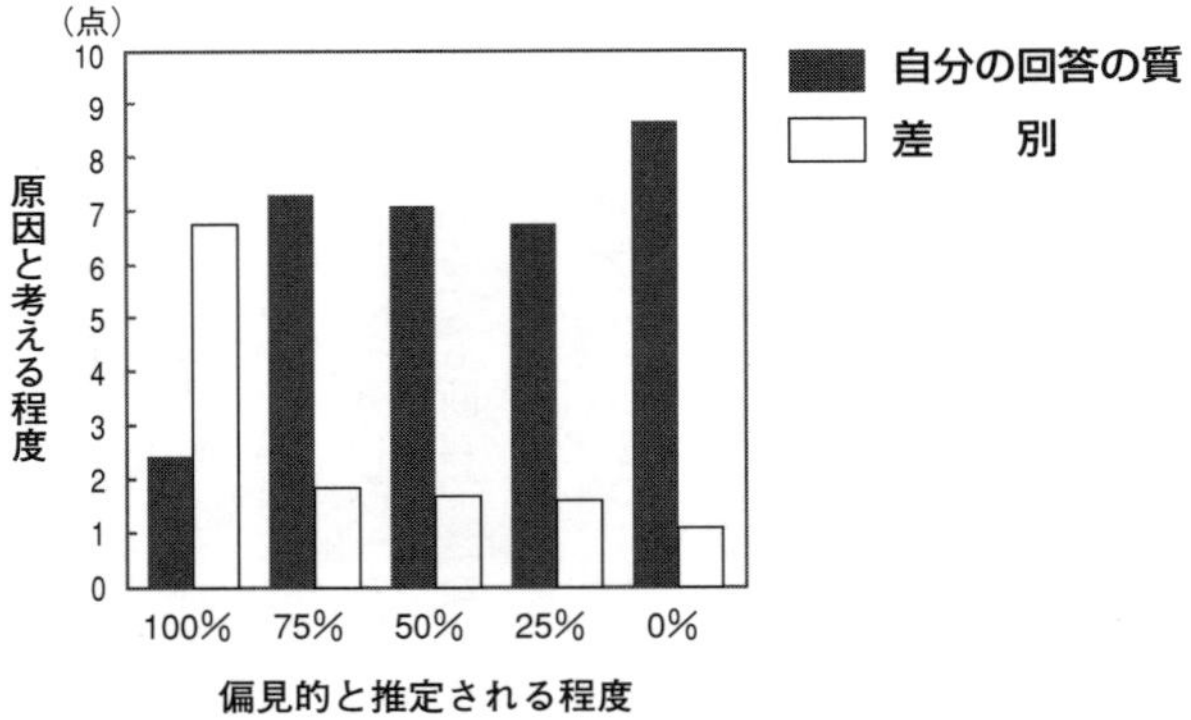

図27　差別・回答の質と思う程度（ルギエロとテイラー，1995）
この実験で女性被験者は，「8人の評定者のうち一人があなたの判定をする。8人のうち○人が女性に対して差別的な判断をする」と説明される。○にあたる人数が8なら偏見的と推定される程度が100%，6なら75%，4なら50%，2なら25%，0なら0%である。被験者は自分が悪い評価を得たことについて，実験者が示した6つの原因について「とてもそうである(10点)」〜「全く違う(0点)」のどこに当てはまると思うかを回答した。図の値はこのうち「自分の回答の質」と「差別」に対する回答の得点を示したものである。
値が高いほど，それを原因として考えたことを示している。

ます。

第一に、社会的自己評価の低下です。否定的結果を自分の属する集団のせいにすることは、その集団が社会的に価値が低いものと認めることになります。2章で述べたように、人は自分が所属する集団の社会的評価を自己評価の源としています。このため、差別や偏見に帰属させることが、所属する集団の社会的評価の低下を、そして自分自身の価値の低下をもたらしてしまうのです。

第二に知覚された制御感の低下です。人は自分自身が状況を統制していると考えたいものです。自分が何をしても状況は変わらないと考えてしまうと、無力感に陥ります。否定的結果を、相手が抱く差別や偏見に帰属させれば、自分の遂行についての自己評価は守れます。しかしそれによって、自分の行為自体には統制力がない、つまり頑張っても差別があるからどうしようもないことを認めることにもなってしまうのです。

第三に、偏見や差別に帰属させることは、現在の人間関係が否定的なものと判断することになってしまいます。仕事相手や知人を「偏見がかった人」「差別をしている人」と判断することは、自分が現在差別的な職場で働いていること、否定的な人に囲まれていることを認めることになってしまいます。これはかなり不快なことです。

このようなコストが偏見や差別への帰属を躊躇させるとクロスビーは考えています。

●社会的比較

スティグマへの対処反応は、社会的比較の文脈からも検討されています。これは、スティグマをもつ人が自分の状況を、誰と比較し評価しているかという問題です。たとえば、スティグマをもつ人は自分が今ある状況を、同じように差別されている内集団成員と比較したり、自分（たち）よりもさらに悪い状況にある人（たち）と比較することによって、自分について悪く感じることを避ける傾向のあることが指摘されています（クロッカーら一九九八）。このような比較は自分を否定的に感じる程度を低減させ、自尊心の維持に役立つと考えられます。しかし比較のあり方によっては、必ずしも良い結果をもたらさないことも指摘されています。たとえばメジャー（一九八七）は、女性が自分の給料を、自分よりもっと低い給料の女性と比較してしまう傾向が、男性と比べて女性が給料を低く予想することを生み出し、これによって低い給料が生まれてしまうと論考しています。このような選択的な社会的比較の傾向は、スティグマをもつ人の差別的な状況を自覚させにくくし、自覚しても自分のおかれた状況について悪く評価しないことに結びつき、現状を変えにくくしている可能性があります。

●離脱（切り離し）と脱同一視

スティグマをもつ人の対処反応として最後に、否定的結果の価値を低下させ、自分の価値と切り離して考える傾向について紹介します。これには二つの形があり、「離脱（disengagement）」と「脱同一視（disidentification）」とよばれています（メジャーとシュメイダー 一九九八、クロッカーら 一九九八）。

離脱とは、自尊心を特定の領域における外からのフィードバックや結果から切り離すことです。否定的評価を受けとった場合、評価の重要性を低く見積もったり（脱価値化）、評価が正確でないとか信用できないと考えること（ディスカウンティング）で、自尊心低下を回避しようとするわけです。これは一時的で状況に限定された反応です。

一方、脱同一視とはある領域での継続的な脅威に対する反応で、特定の領域で成功・失敗することを長期の自尊心の元として、自己の価値と関連づけて考えないようにすることです。離脱と異なり、当該領域の脅威から慢性的に自己を切り離そうとする反応といえます。特定の領域における差別や機会の剝奪から自尊心を守るため、その領域で成功することの価値を低下させるのです。また脱同一視は、その領域を重要と認識している場合も生

離脱（切り離し）

自尊心を特定の領域における外からの結果・評価から切り離すこと。否定的評価を受けとっても,自尊心は影響を受けなくなる。

方法1　脱価値化：否定的評価の重要性を低く見積もる。

方法2　ディスカウンティング：診断性が低いと考える。

いずれも一時的で状況に限定された反応。

↓

〈脱同一視に移行するとき〉

・スティグマの性質上，その領域で成功や達成するのが難しいとき。

・状況の特徴から苦境が永続的に続くと判断されたとき。

・個人がその領域から身を引くとき。

など

↓

脱同一視

ある領域での継続的な脅威から，慢性的に自己を切り離そうとする反応。この領域で成功・失敗することを長期の自尊心の元として，自己の価値と関連づけて考えないようにすること。

この領域に価値を認めていても，脱同一視は生じる。

図28　離脱と脱同一視

じると仮定されています（図28）。

離脱を示す実験例

メジャーら（一九九八）は、アフリカ系アメリカ人が知的に劣るというステレオタイプ・偏見を用いて、次のような実験を行っています。まず研究一では、アフリカ系アメリカ人とヨーロッパ系アメリカ人の大学生を対象として知的テストを実施し、偽の結果を提示しました。このとき半分の被験者には良い成績（成功したと判断される）を渡します。残りの半分には、悪い成績（失敗したと判断される）を渡します。被験者は実験前後に、遂行に関わる自己評価（実験の課題の出来によって変化するような自尊心）と、全体的自己評価（自分全体に対して長期的に抱いている自尊心）を測定する項目に回答します。その結果、ヨーロッパ系アメリカ人学生では、成功すれば遂行に関わる自己評価は高まり、失敗すれば低下しました。しかしアフリカ系アメリカ人学生は影響を受けませんでした。このことはアフリカ系アメリカ人がこの状況で心理的に離脱を行っていることを示唆しています。なお、全体的自己評価については、人種や成功・失敗の有意な差はみられませんでした。

つづく研究二（図29）では、被験者（アフリカ系アメリカ人とヨーロッパ系アメリカ人の学生）は事前に「自分自身に対する感情が知的テストの遂行とは独立しているとする程

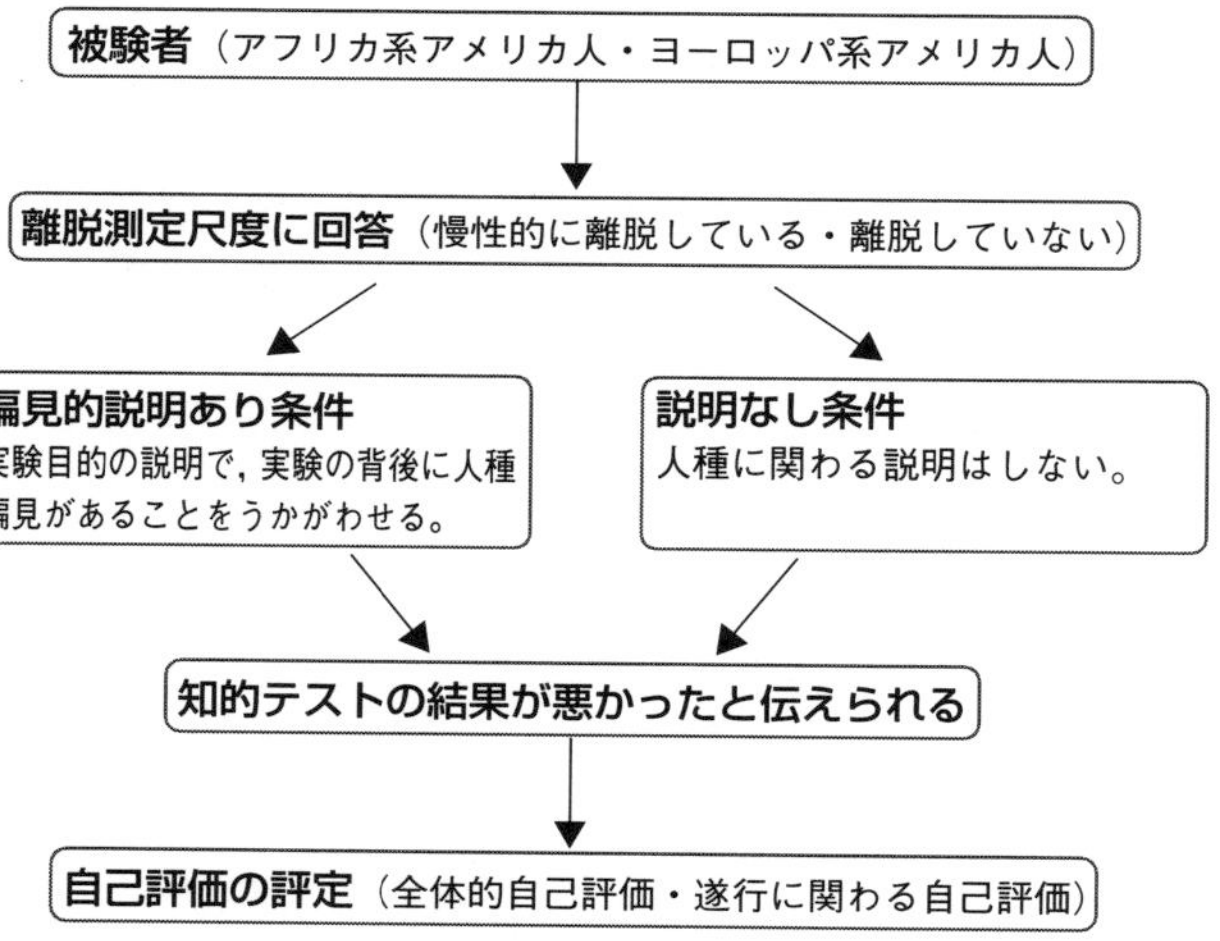
被験者（アフリカ系アメリカ人・ヨーロッパ系アメリカ人）
離脱測定尺度に回答（慢性的に離脱している・離脱していない）
偏見的説明あり条件
実験目的の説明で，実験の背後に人種偏見があることをうかがわせる。
説明なし条件
人種に関わる説明はしない。
知的テストの結果が悪かったと伝えられる
自己評価の評定（全体的自己評価・遂行に関わる自己評価）

図29　メジャーら（1998 研究2）の実験の流れ

度」を測る離脱測定尺度に回答し、慢性的に知的に離脱をしている集団と、していない集団に二分されました。そして全体の半数には、このテストは人種・民族によって偏りがあるか否か調べるのが目的と言い、実験の背景に少数民族集団に対する偏見やステレオタイプがあることをうかがわせる説明をしました（偏見的説明あり条件）。残りにはこのような説明はしませんでした（説明なし条件）。その後で知的テストを実施し、テストで悪い結果であったというフィードバックを全員が受けとるように操作しました。実験後に、遂行に関

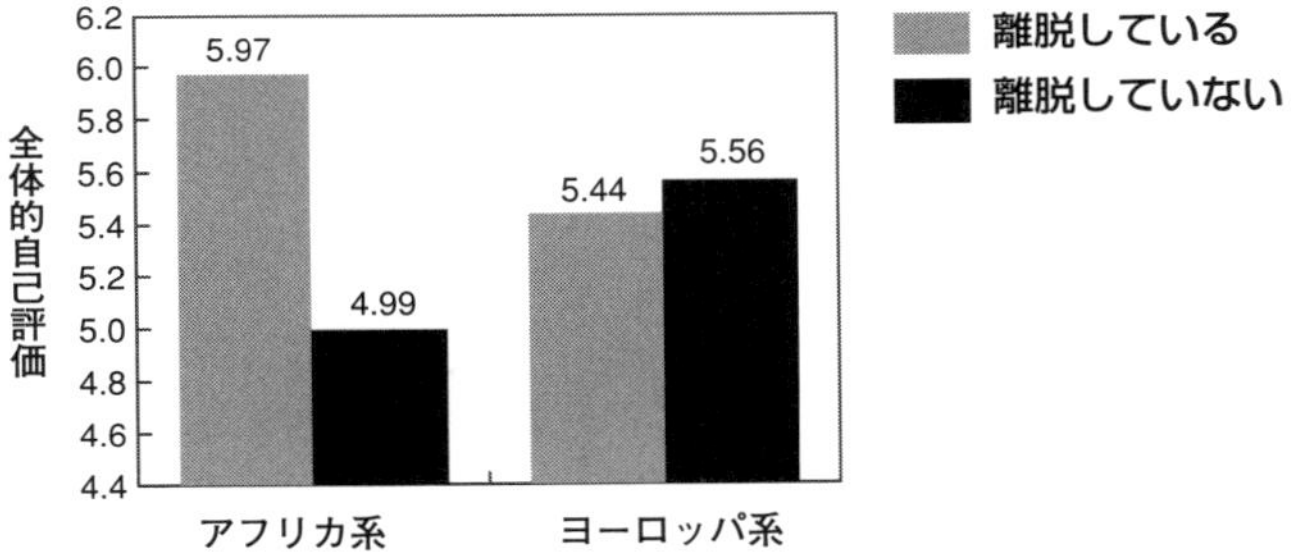

図30　人種別にみた，離脱と全体的自己評価の関係（メジャーら，1998）
得点範囲は１～７点で，値が高いほど，全体的自己評価が高いことを示している。

わる自己評価と、全体的自己評価を測定したところ、偏見的説明あり条件ではアフリカ系アメリカ人の全体的自己評価が高く、説明なし条件ではヨーロッパ系アメリカ人の全体的自己評価が高いことが示されました。人種による偏見があるかもしれないと予期される場合には、アフリカ系アメリカ人では、悪い遂行結果を受けとっても、全体的自己評価を低下させなかったのです。

離脱尺度の分析を加えると、結果はさらに明確になります。アフリカ系アメリカ人学生では、慢性的に学業結果と自尊心を離脱している集団のほうが、失敗テスト後の全体的自己評価が高いことが示されました（図30）。一方、ヨーロッパ系アメリカ人学生ではそのような影響はみられませんでした。この結果から、ある状況下では、アフリカ系アメリカ人学生のほうが知的テスト状況のフィードバックを自己評価から離脱しやすいことが示されたのです。メジャーら（一九九八）は、離脱しやすい状況とは、とくに否定的ステレオタイプや人種偏見が予期されたとき、悪い遂行が予期されたときに生じやすいと論考しています。

離脱から脱同一視へ

以上の研究は、一時的な離脱を実験場面で示した研究例ですが、メジャーら（一九九八）の実験において慢性的な離脱を行っていた人々は、知的課題に対し脱同一視をしている人々に近いでしょう。一時的な離脱が永続的な脱同一視に進んでいくのは、否定的にステレオタイプ化されたり偏見をもたれるがゆえに、その領域で成功や達成するのが難しいときと考えられます。それは苦境が永続的に続くときや、あるいは本人がその領域から自ら身を引いてしまう場合などです。また状況や組織の構造が、ふたたび自己が関わっていくことを難しくさせる場合も考えられます。たとえば学校の能力別コースなどです（クロッカーら 一九九八）。一度、スティグマにもとづいて低能力コースに振り分けられると、高能力コースにステップアップすることは、システム上難しくなります。

このようにして導かれた脱同一視は、スティグマをもつ人の自尊心を守るという重要な意味がありますが、反面、問題点も指摘されています。最大の問題は、動機づけ（やる気）を徐々に失わせてしまう可能性でしょう。ある領域で成功する能力をもつ人でも、そこに価値をおいていなかったらやる気は生じません。クロッカーとメジャー（一九八九）は、特定の領域における差別や機会の閉鎖から自尊心を守るためのそこでの価値低下が、今度は達成のための動機づけ低減を生み出すと指摘しています。

脱同一視による動機づけの低下

学校場面で考えてみるとわかりやすいでしょう。成績を高めたり、授業についていくために、動機づけは不可欠です。しかし、スティグマがあると「勉強ができないに違いない」など、友人や教師から否定的に扱われたり、勉強の機会を奪われたりという不快な経験をすることになります。そのような経験が繰り返された結果、スティグマをもつ者は「勉強ができなくても自分の価値とは何の関係もない」と脱同一視することで、自尊心低下を防ぐようになります。しかし、学業が自分の価値に関わらないと考えると、自己を高めるために勉強しようとする気がなくなり、成績低下につながることになります。こうなると、はじめは誤って抱かれていた周囲からの否定的評価が、差別でなく本当の能力を反映した妥当なものと解釈されることになってしまいます。3章で自己成就予言について説明しましたが、脱同一視はこの予言の成就に強く関わっています。教師が「この子はできない」と否定的な仮説をもつことで、子供が学業から脱同一視してしまい、教師の予想どおり悪い成績をとってしまう可能性が考えられます。

集団規範としての脱同一視

とくに問題なのは、自尊心低下を防ぐために行う保身的な脱同一視が、集団規範（集団のルール）となる場合です。たとえば社会的地位の低さが知的課題遂行においてスティグマとなるような学校では、低社会的地位に所属する子どもたちの中に学業成績から脱同一視することで自分を守ろうとする傾向が、全体として生じてくる可能性があります。脱同一視が一人一人の実践する問題ではなく、仲間同士での共通の認識、いいかえれば「自分たちの価値とは関係ない」「自分たちは勉強しなくていい」という意識として集団規範になっていくのです。脱同一視が仲間内での共通する反応になると、それが正常なものとして集団の成員に伝えられるようになります。集団に所属するためには、成員は共有されている規範を守る必要があります。勉強しないことが規範となった場合、集団の成員であるにもかかわらず熱心に勉強することは適切とはみなされません。たとえば良い成績をとろうと勉強したりすれば、「点取り虫」「ガリ勉」といった表現で揶揄されることになります。そして集団の規範を守らない者は最終的には仲間から排除されてしまいます。そのため、集団規範として脱同一視が成立すると、集団の成員全体が勉強しない方向に進んでいくのです。

このように脱同一視は、内集団からのプレッシャーによっても維持されます。結果として、ステレオタイプや偏見に一致するような、集団差が構造として本当に生まれることになります。

以上のように、スティグマがそれをもつ人に与える影響は、一般に考えられているよりも複雑です。本章ではスティグマをもつことの苦境に焦点をあてて研究を紹介してきました。ただし社会的スティグマについてレビューしたクロッカーら（一九九八）は、スティグマは確かに苦境をもたらすけれど、だからといってスティグマをもつ人が皆、自分たちの価値を低くとらえていると単純に結論づけるのは間違いで、彼らの多くが人生に対する満足をみつける能力をもっていることについても注目すべきと論じています。そして離脱や脱同一視といった対処反応はキャリアや学力の発展を犠牲にするかもしれないが、それは自尊心を維持するための正常な反応だと位置づけています。

5・ステレオタイプ・偏見はどのように変わるのか

二〇〇一年二月に放送されたNHKスペシャル「憎しみを超えられるか——コソボ・ある小学校の6ヶ月」では、コソボ自治州ミドロビッツァにあるアルバニア人の小学校が取材されていました。この町では、以前はアルバニア系住民とセルビア系住民が共に住んでいましたが、紛争後に町は分断され、各民族の子供が分離して学校教育を受けるようになりました。その中で、アルバニア系のノンダブルカ小学校では、学校の再統合への取り組みを他地域に先駆けて行っています。校長を中心として教師たちが、子供たちに、両民族がふたたび共に暮らし、共に学ぶべきであることを学校で繰り返し教える試みを続けています。しかし紛争で家族を失い、家を破壊された子供たちの多くは、共に手を取り合うことを強く拒否し、以前一緒に遊んでいた友だちであっても、異民族であれば憎しみをぶつけ合い、争いを繰り返しています。統合までには、まだ長い道のりがあることがうかがわれました。

前章までで述べてきたように、私たちは、人をカテゴリーで分けたり、自分の価値を守るために外集団を否定的に見なしやすい傾向があります。しかし、その一方で偏見を克服し、ステレオタイプ化しないで他者を見ていこうと努力するのも人間の心理です。ここまでさまざまな研究を紹介してきましたが、これらは究極的にはステレオタイプによって生じる問題を解消するにはどうすればよいのかを、念頭においたものといえます。現実のステレオタイプ・偏見の問題は過酷で深刻ですが、この本の最終章では、ここまで取り上げた研究知見をふまえ、これをどのようにして低減・変容でき得るのかについて考えてみたいと思います。

●接触の効果と危険性

ステレオタイプや偏見をどのように解消できるのかということについては、ステレオタイプ・偏見が社会心理学の研究テーマに取り上げられたときから、検討されてきた問題です。偏見研究の嚆矢、オルポート（一九五四）の著書『偏見の心理』でも、その解消に向けて多くのページが割かれています。オルポートはこの中で、相手に対する知識の欠如が偏見形成に関わっており、偏見の解消には接触が重要と指摘しています。ここから、異なる集団間の成員が接触することにより両者の関係が改善されるという考え方、すなわち接触仮説（contact hypothesis）が生じました。オルポートが著書を出版した一九五四年はアメリカにおいて、まさに白人と黒人を分離する学校制度は違憲であるとの最高裁判決が出たときでもありました。このため、接触仮説を検証すべく、教育・職場・軍隊で統合教育の応用研究が生じていきました。異なる人種間の態度を人種統合教育実施の前後で測定し、人種接触の効果が検討されたのです。しかし人種の混合が態度に及ぼす効果は実証されないことが多く、接触は必ずしも有効ではないという曖昧な結論に至っています（スティーブン 一九七八、スコーフィールド 一九九一）。ステレオタイプや偏見は単純な接触によって解消されるわけではなく、むしろ接触することで関係がより悪化する場合さえあったのです。

サマーキャンプ実験

接触の効果と危険性を示す例としてシェリフら（一九六一）が行った面白い研究があります。彼らは、小学校五年生のサマーキャンプを対象にした、一連のフィールド・スタディを行いました。この実験では集団の関係が体系的に変化するように、「集団形成」「集団間葛藤」「葛藤の解消」という三つの段階を設定していました。

まず第一の「集団形成」段階では、参加した初対面の少年達をランダムに二組に分けました。そして数日間、少年たちは集団生活を始めます。次第に少年たちは集団意識を高めていき、自分たちの集団に名前をつけたりルールなどを設定し始めました。この時はお互い離れて生活をし、他の集団の存在は知らされませんでしたが、その後で実験者から、他集団の存在を告げられます。

第二の「集団間葛藤」段階では、二つの集団を競争状況で対面させました。スポーツの試合を何度か行って、勝利したほうの少年たちにだけ賞品を渡しました。すると集団間に強い対立が生じ、お互いに敵対心を抱くようになりました。そこでその後、花火大会をしたり、食事を一緒にしたり、映画を見て接触を図る機会を設けました。しかし顔を合わせるたびに二つの集団は争いを繰り返し、対立は深まるばかりでした。

第三の「葛藤の解消」段階では、実験者によって、共通の目的をもって両集団が協力しなければならない状況が設定されました。具体的には、少年たちは給水システムを協同で復旧したり、故障したトラックを力を合わせてロープで引き上げるなどの作業をしました。その結果、両集団間の敵意は低減しました。帰りには、一緒のバスに混じり合って乗って帰るくらい仲良くなったのです。

このシェリフらの研究は、ステレオタイプや偏見をもった相手と接触することの難しさを示しています。状況によっては、偏見がより強まったり、ステレオタイプが確認されることになってしまう危険も高いのです。3章でふれたように、一度抱いた信念は概して確証されやすいものです。ステレオタイプや偏見を抱くと、それを維持するような情報処理が行われやすいからです。このため、単純な接触では、偏った信念を確認するための情報処理しか行われず、かえってステレオタイプや偏見に当てはまる事象のみに気づいたり記憶したりして、信念が強化されてしまうことになりやすいと考えられます。

接触が強める偏見

接触の問題はもちろん、人種偏見だけにとどまりません。上瀬（二〇〇一）は、視覚障害者と道で出会ったりすることが、逆に視覚障害者に対する否定的印象を強めていることを指摘しています。ここでも、偶然の出会いはむしろ既存の否定的ステレオタイプの形成・強化に結びつくことを示唆しています。健常者が障害者と接触する際、多くの場合は、街ですれ違ったり短い会話をするだけのコミュニケーションにとどまり、健常者が障害者を援助するような一方向的な形になりやすいといわれています（スコット 一九六九）。3章でフィスクら（エバハートとフィスク 一九九六、フィスク 一九九三）の知見として紹介したように、他者を統制する力をもつ勢力者は、勢力のない者に対して注意を向けにくく、ステレオタイプ的な判断を下しやすいと考えられています。この知見にもとづいても、現実の接触場面でみられる一方向的関係は、障害者へのステレオタイプ化を一層うながしやすいと解釈できます。

有効な接触とは

では、どのような出会い・接触が有効なのでしょうか。オルポート（一九五四）は、偏見は多数者集団と少数者集団とが、対等の地位で、共通の目標を追求する接触によって減少すると指摘しています。また同時に、接触が制度的な支援（法律や慣習など）によって是認されている場合や、接触が二つの集団メンバー間の共通の利害や共通の人間性などについての知覚を呼び起こしているときに一層効果的と記しています。

オルポート以降も、数多くの研究者が効果的な接触の条件を提出しています。たとえばクック（一九八五）は、地位の平等性・ステレオタイプを反証する行動を促進する関係・相互依存性（共通の目標で協力すること）・個人として知り合う機会・平等な関係を良しとする社会規範の五つを指摘しています。また、ブラウン（一九九五）は望ましい接触にもっとも重要なものとして、社会的および制度的な支持・十分な時間と回数・対等な地位・協同の四つをあげています。これらをまとめると、両者が平等な立場で協同活動をすること、そしてその活動を強く支持するような制度や体制が重要といえるでしょう。そしてこの協同活動が十分に行われることで、ステレオタイプ・偏見にとらわれず、個人として相手を見ることができると考えられているのです。

●協同学習による偏見・ステレオタイプ変容の研究例

ステレオタイプ・偏見を低減させるのに効果的な接触状況として、これまで多く研究されてきたのが協同学習です。これは性別や人種など、偏見に関連するカテゴリーを混成した集団で学習を進めるもので、主として学校場面で用いられている接触形態です。

協同学習の特性

協同学習では成功可能性を最大化するために、次のような特性が重視されています（ブラウン　一九九五）。

①小集団で協同的に相互依存させる。

相互依存とは、ある人の行為や結果が、集団内の他者の行為や成果につながっていることを意味しています。たとえばある集団で一人の生徒が成果をあげることが他の生徒の利益につながり、逆に成果をあげられないことが他の人々の不利益につながるような場合です。この相互依存状況で行う課題は、生徒同士が分業できるように構成され、集団としてうまく達成するために各自が他者を必要とするようなものにする必要があるとされています。

②生徒間の相互作用を頻繁にする。

教室では教師と生徒のやりとりが中心になっています。しかしこのやりとりだけでは、教師に気に入られたいという気持ちが先に立ち、生徒間で競争が生じやすくなってしまいます。生徒間の関係を改善するには、生徒間の相互作用そのものを増やし、何よりも、これまで接触がなかった相手と深く知り合う機会を増やすことが大切となります。

③地位を対等にする。

誰か一人が大きな役割を担うのではなく、各生徒が対等に小さく分けられた役割を担うことが必要です。そして集団全体の成功に各自の貢献が重要だと意識させることが大切となります。

④（教師が運営して）制度的支持を受けていることを意識させる。

教師が協同学習を導入し運営することによって、生徒たちにはそれが学校自体が取り組んでいることだと意識することになります。制度的支持があれば目標妨害には制裁を加えたり、促進した生徒には報酬を加えることができます。また協同することが「きまり」と認識されることも重要です。

ジグソー法

アロンソンら（一九七八）は、協同学習の一つの形態として、右にあげた特性をみたすジグソー法とよばれる学習法を提案し、これによって人種偏見を低減させる試みを行っています。この学習法は、正の相互依存性のある状況で子供たちにグループ学習を行わせるものです。正の相互依存状況とは、目標へ向かう他者の行為が直接もう一方の目標達成の利益となるような関係です（ドイッチ 一九四九）。人種統合後の学校では、共に学んでいても少数民族に対する否定的な評価が継続してしまうことが多くみられます。そこでジグソー法では、まず子供たちに人種が混合した小集団を作らせ、一つの資料を人数で分割する形で協同作業をさせています。そこでは各自が分担部分を自習し、他の子供に教えるという形をとります。自分の分担以外の所は、担当の子供に教えてもらうしかありません。つまり、ジグソーパズルの一片のように、一人一人がなくてはならない存在となるのです。

アロンソン（一九九二）はジグソー学習の経過で、初めは多数民族の子供が少数民族の子供を馬鹿にしたり無視していたものの、それでは課題が先に進まないことに気づきはじめ、次第に少数民族の子供の話を聞こうとする姿勢が、多数民族の子供の中に芽生えてくる様子を描写しています。少数民族の子供も、初めは自分の考えをきちんと述べられなかったのが、次第に他の子供に対してはっきりと発言できるようになり、最終的には人種間に好意的な関係が成立しました。

またラッカーら（一九七六）は、統合教育におけるジグソー法と講義法の学習効果を比較検討しています。アングロサクソンとマイノリティ（少数民族）の生徒を混ぜたグループを作成してジグソー法で学習をさせた場合と、一般の講義形式で学習をする場合とで、成績がどのくらい上昇したかを比較しました。その結果、図31に示すように、少数民族の子供はジグソー法のほうが成績が向上することが示されました。

人種混成のグループ学習

スレイブン（一九七九）は、人種による分離を廃止した中学校において、英語のカリキュラムに一〇週間の協同学習プログラムを実施しました。ここではクラスの半分を協同学習条件で、残りの半分を統制条件で授業しました。協同学習条件では、民族混成小集団で文法などを一緒に勉強し、グループ全体でテストのチーム得点を算出し、定期的に貼り出しました。統制条件は普通形態（講義法）の授業を行い、テストも個別に行いました。その後、「このクラスの友人は誰

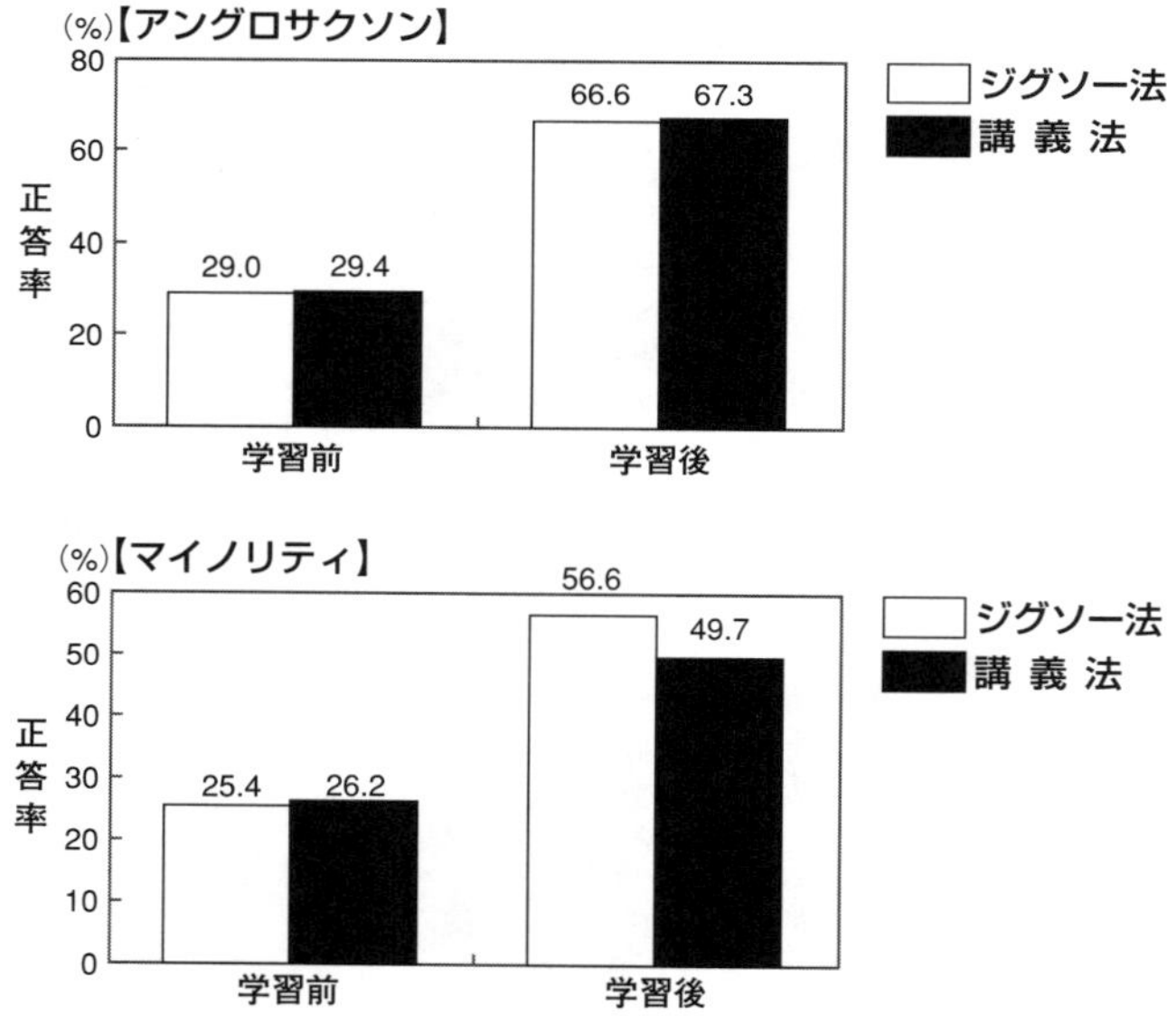

図31　ジグソー法と講義法の学習効果比較（ラッカーら，1976）

ここでマイノリティは，メキシコ系アメリカ人と黒人の生徒を合わせたものである。得点は実施したテストの正答率（%）を示している。

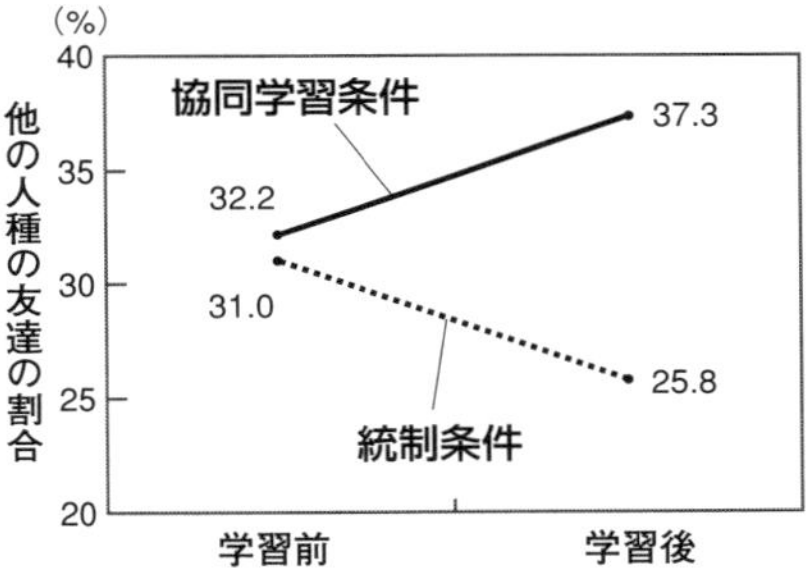

図32　異民族友人選択率の変化（スレイブン，1979）
「このクラスで，あなたの友達は誰ですか」という問いを実験前後で生徒に尋ねている。図の数値は書き出された名前の中に，本人と人種の異なる子供がどのくらい含まれていたか，その割合（%）を示している。

ですか」という質問をし、異民族の友人の割合を比較したのです。その結果、協同学習条件では異民族を友人とする割合がプログラム学習後に上昇し、統制条件では下降しました（図32）。協同学習がステレオタイプ・偏見低減のために効果的な接触形態であることがわかります。

盲人との協同学習による偏見の解消

わが国でも、盲人に対するステレオタイプ・偏見の低減を扱った山内（一九九六）の興味深い研究があります。ここでは、晴眼者の大学生と、盲人の盲学校専攻科普通部の学生に協同

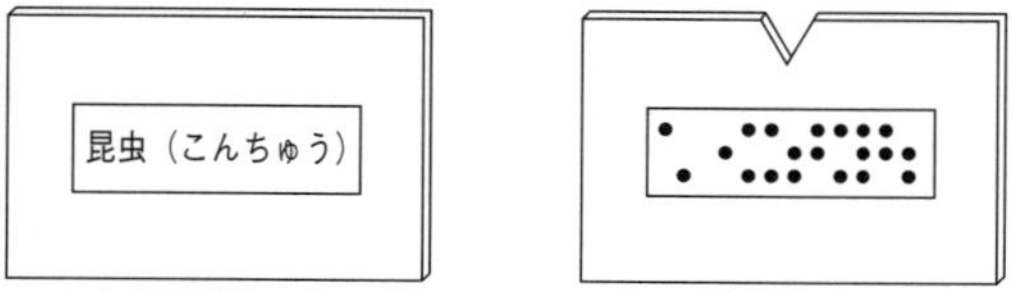

図33　山内（1996）の実験課題例

bは点字で「かぶとむし」と書かれている。

作業をさせることで、両者の偏見解消を試みています。晴眼者と盲人が二人一組になり、課題を達成するような実験状況を設定しました。その課題とは図33に示したような墨字（紙に書かれた文字）のカテゴリーカード四〇枚と、点字の具体物カード四〇枚の中から、適切なものを一枚ずつ選択し、四〇組のペアを作るというものです。墨字と点字の両方が読めなくては、この課題は達成できません。必然的に、晴眼者と盲人が協力して作業することになります。

この課題の前後、および三カ月後に、実験参加者は相手に対する印象を質問紙で回答するとともに、晴眼者は盲人に対する印象を、盲人は晴眼者に対する印象をそれぞれ回答しました。そして、協同作業によってお互いの印象が変化するかどうか、盲人一般あるいは晴眼者一般に対する印象が変化するかどうかが合わせて分析されたのです。

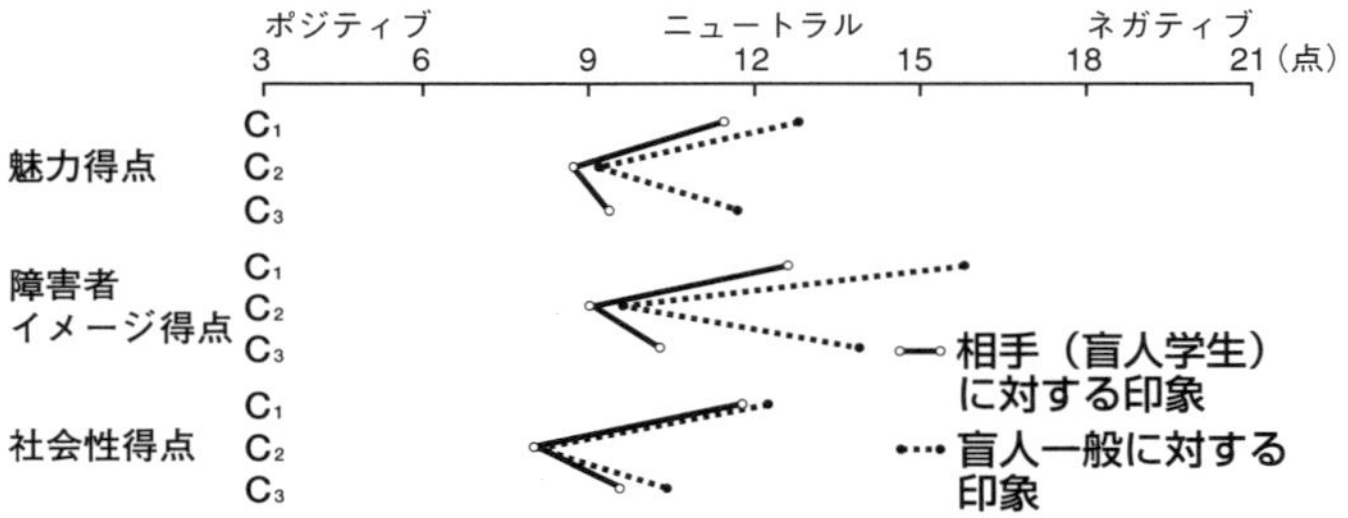

注：C_1＝課題前，C_2＝課題後，C_3＝3カ月後

図34　相手（盲人学生）と盲人一般に対する印象の変化
（山内，1996を一部改変）

印象は7段階のSD形式で尋ねており，魅力得点は「好き－嫌い」など3項目，障害者イメージ得点は「自由－不自由な」など3項目，社会性得点は「親切な－不親切な」など3項目の回答を単純加算したものである。得点が高いほど，否定的な傾向を示している。なお原論文では盲学生の回答結果も表示されているが，ここでは晴眼者の回答のみを示した。

このうち晴眼者が相手、および盲人一般に抱いた印象の変化を示したのが図34です。協同作業をした相手に対する印象をみると、晴眼者は相手の盲人学生への態度を課題後に肯定的に変化させていることが示されています。さらに盲人一般に対する印象も、課題直後には大きく肯定的になっていることがわかります。三カ月後の印象はやや否定的方向にもどっていますが、それでも課題前と比べると値は肯定的方向にあります。晴眼者は、協同作業以前は、相手集団および相手に対しやや否定的な態度を示していました。しかし協力的な相互作用を経験することで、相手に対して肯定的な印象をもち、そしてそれが相手集団（盲人）全体の印象へと般化したと、山内は考察しています。効果的な接触の条件を先に述べましたが、山内の実験は生徒間で対等な地位で分業課題を行うという特性を満たしたものといえるでしょう。

電子メールを用いた、視覚障害者ステレオタイプの変容

また上瀬ら（二〇〇二）は、障害者と晴眼者が電子メールを交換しながら協同作業をする実験を行い、そのコミュニケーション過程によって晴眼者が抱いていた視覚障害者一般に対するステレオタイプが変容するか否かを検討しています。この研究では、お互いに面識のない晴眼者（四人）と視覚障害者（一人）とが混在した実験グループを一〇グループ作成し、各グループ内で電子メールを五日間交換しながら「移動式電話のマナーブック」を作成するよう求めた実験を行っています（図35）。このとき視覚障害者は、画面文字情報を合成された機械の音声で聞き取る方法で、この実験に参加しました。

この実験では、課題達成のために一人一人が毎日一通ずつ、電子メールをグループ宛てに出し、全員がそれを読むという手続きをとっています。五日間をとおして全員が話し合

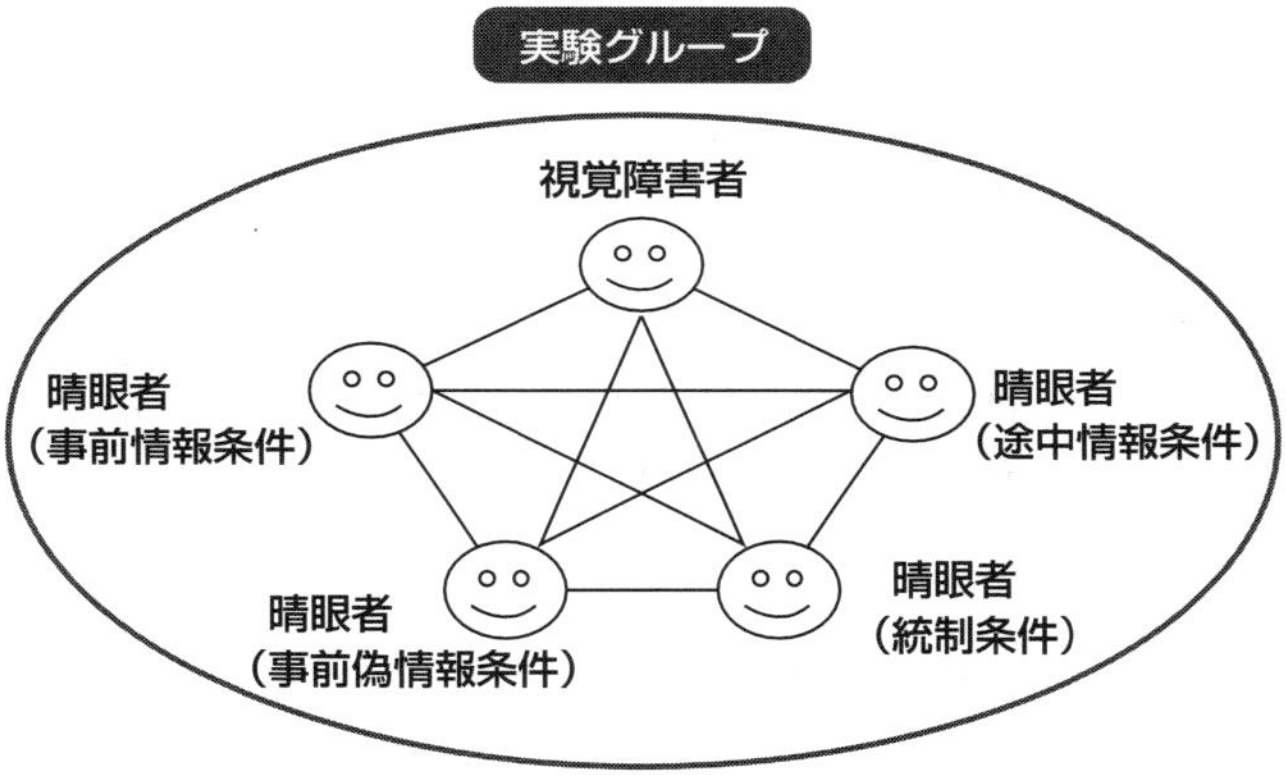

図35　上瀬ら（2002）の実験の構成

いをしながら、それぞれが分業して課題を少しずつまとめ上げていくという協同作業が行われたわけです。

さらにこの研究では、コンピュータ・コミュニケーション上で他者と接触する際に考えられるいくつかの場面を念頭におき、被験者は、事前情報条件・途中情報条件・事前偽情報条件・統制条件のいずれかに振り分けられています。事前情報条件では、視覚障害者が誰であるかをコミュニケーション開始前に知らせています。途中情報条件では、誰が視覚障害者かを実験途中（三日目のやりとりが終了した後）で知らせています。事前偽情報条件では、別の晴眼者を視覚障害者であると偽って

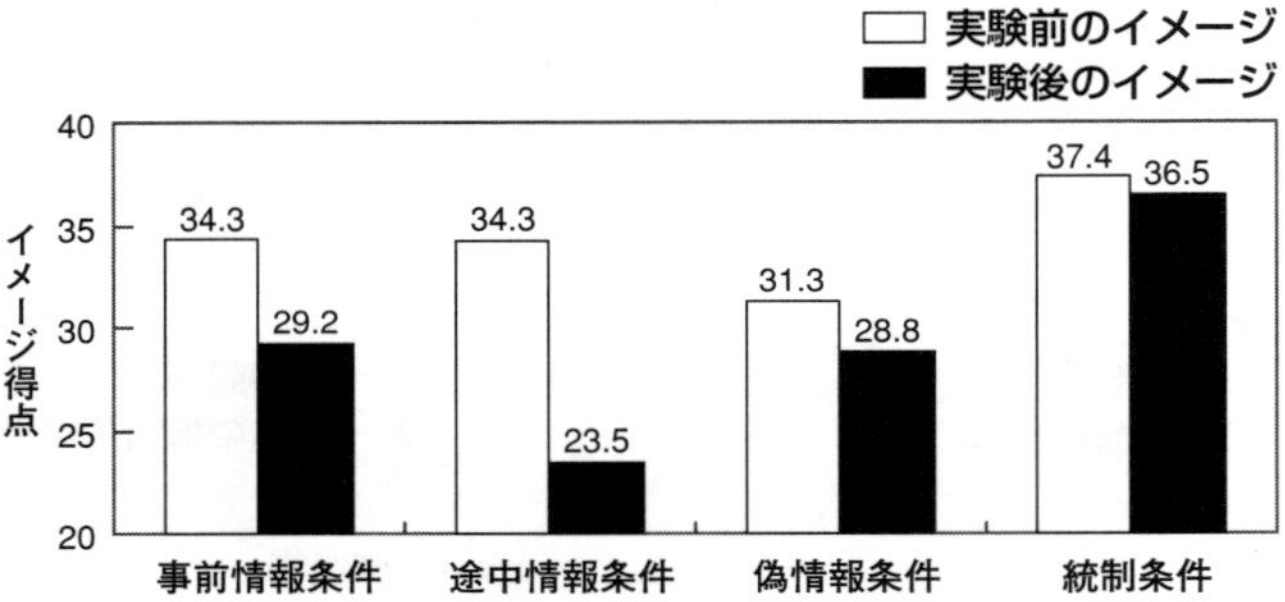

図36　視覚障害者一般に対する否定的イメージ得点の変化

得点が高いほど否定的イメージを抱いていることを示している上瀬ら（2002）ではSD項目を個別に分析対象にしているが，ここでは煩雑になるのを避け，上瀬（2001）に習いこのうちの８項目の加算得点を分析対象とした。

知らせ、実際の障害者が誰なのかは最後まで知らせませんでした。統制条件では、視覚障害者の存在をまったく知らせませんでした。なお各条件とも晴眼者には、視覚障害者一般の印象を尋ねる質問紙を実験前後に実施しました。この一般の印象がどの程度否定的か、回答の合計得点を算出し、実験前後の変化を条件別に示したのが図36です。

　図36にみられるように、途中情報条件では視覚障害者一般に対する印象変化が目立ち、実験前後で否定的イメージが大きく低下していました。一方、事前情報条件と偽情報条件でも否定的イメージは低下しているの

ですが、その差は有意ではありませんでした。

途中情報条件の被験者は、グループの視覚障害者を、三日目まで晴眼者と思い込んだまままある程度の印象を形成しました。彼らはその後で、実は相手が視覚障害者だということを知るのです。途中まで健常者として形成した相手のイメージは、視覚障害者のステレオタイプとは異なっていたと推測されます。彼らは自分の抱いていた視覚障害者に対するステレオタイプと、現実の視覚障害者のイメージとの差に直面し、その隔たりを修正するために視覚障害者のイメージを肯定的に変化させたと考えられます。

一方、事前情報条件と偽情報条件の被験者も視覚障害者と協同作業を行っているのですが、あらかじめ相手の障害が提示されている両条件では、晴眼者が障害者に抱くステレオタイプは変容しにくいということがここから示されています。この実験は山内（一九九六）と異なり、相手には直接対面しない形で作業を行っていますが、この状況差が、被験者にあらかじめ抱いていた否定的枠組を変える強い必要性を感じにくくしたのかもしれません。このため相手に注意を払っても、当初抱いていたステレオタイプに一致するような情報のみが選択され、全体として印象が変容しなかったのではないでしょうか。この点から、相手に注意を向けるだけでなく、ステレオタイプ化を避けようとする傾向、すなわち動機づけを高めるような状況も重要であると考えられます。

●注意によるステレオタイプ化の回避

ここまで具体的な実験例をあげながら、協同学習が効果的な集団間接触をうながし、否定的ステレオタイプを変容させうることを示してきました。ではなぜ、協同学習はステレオタイプや偏見を変容させるのでしょうか。もう一度改めて考えたいと思います。

相手への注意を高める

3章で述べたように、私たちは関心の低い人物に対しては、すばやくカテゴリーにもとづく処理、ステレオタイプ化を行います。しかし相手が自分にとって重要な人物であったり関心が高い場合には、相手の個人的属性に注意を向けるようになり、自動的なステレオタイプ化が生じにくくなります。協同学習の場合、相手の行動や成果が自分の利益・不利益に直接つながってくるわけですから、必然的に相手に注意を向けることになります。これによってステレオタイプ化が回避され、相手をカテゴリーからではなく個々の事例に対応する一人の人として見なす情報処理が行われやすいものと考えられます。

障害者に対するステレオタイプを例にあげて考えてみると、障害者と健常者が偶然接触する場合には、一方向的な関係になりやすいものです。そして偶発的接触という理由から情報処理に十分時間がとれなかったり、障害の性質によってはコミュニケーションに時間がかかることも、健常者が障害者に向ける注意を減少させ、ステレオタイプ化につながると推測されます。障害者に対するステレオタイプは、否定的な内容が含まれているため(上瀬 二〇〇一)、ステレオタイプ化された障害者は否定的印象をもたれてしまいます。しかし山内(一九九六)が行ったような協同作業の実験では、相手に十分に注意を向けることができ、お互いに情報交換することが可能でした。このため、相手をステレオタイプ化することが少なくなり、相手に対する印象が肯定的に変化したと考えられます。

個人化した接触

この注意によるステレオタイプ化回避の問題をブリューワーとミラー(一九八四)は、個人化(personalization)した接触という視点から説明しています。個人化した接触とは、内外集団の個人と個人が、自分自身との結びつきで関係をもち、カテゴリーにもとづく情報処理や相互作用が減った状態を示しています。3章で示したように、ブリューワー(一九八八)は印象形成について二重処理モデルを提出していますが、ここでは相手に自己関与があれば(自分と相手が深く関わってくれば)、カテゴリーにもとづかない情報処理が行われるとされています。この自己関与のある状態が個人化した接触と考えられます。ブリューワーとミラー（一九八四）は、個人化した接触によって、他者を判断する際にカテゴリーを用いないようにすることを、偏見やステレオタイプ低減のために提案しています。彼らによれば、この個人化した接触が繰り返されると、ステレオタイプに不一致な情報に接する機会が増え、外集団を単一のものとして見るような画一的な見方がなくなってくるとされています。このため、カテゴリーは意味をなさなくなり、使用されにくくなると考えられています。

本章の冒頭で紹介したテレビ番組（ＮＨＫスペシャル「憎しみを超えられるか――コソボ・ある小学校の6ヶ月」）では、セルビア人に否定的感情を抱いていたアルバニア人の少女が、紛争前に親友であったセルビア人の少女と個人的な交流を再開することで、少しずつですがセルビア人に対する偏見を低減させつつある様子を映していました。これは個人化した接触による肯定的変化の一つの例といえるでしょう。

個人化した接触は、カテゴリー化をなくす、すなわち非カテゴリー化（decategorization）を意図したものといえます。ブリューワーとミラーは、カテゴリーにもとづく接触（図37）から、非カテゴリー化された接触（図38）という形でこの変化を図化しています。

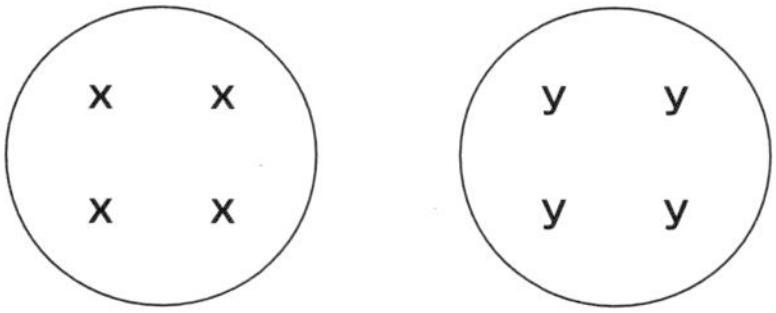

図37　カテゴリー化された接触

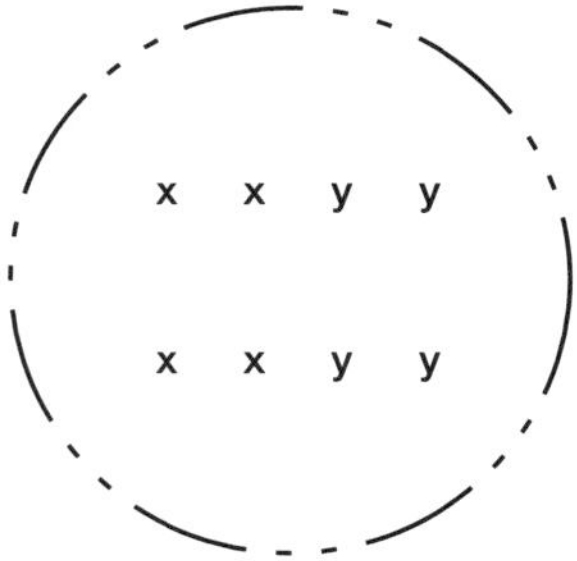

図38　非カテゴリー化された接触（ブリューワーとミラー，1996）
xとyを取り囲む点線は，このカテゴリーが使用されなくなったことを意味している。

しかし実際には、特定の個人との友好関係が成立しても、相手集団に対する偏見やステレオタイプそのものが変わらない可能性も大きいと思われます。偏見をもっていた民族の人と友達になり、当人に対しては好意をもったけれど、依然としてその民族全体には否定的イメージをもち続けてしまうような場合がこれにあたります。ヒューストンとブラウン（一九八六）は、非カテゴリー化された接触に関して、相手がそのカテゴリー内の典型例としてみられないと、例外的な人物として処理されるため、カテゴリー自体は変化しないという問題を指摘しています。3章で紹介したサブタイプ化（ウェーバーとクロッカー 一九八三）の過程がここに関わってきます。

個人化した接触に関わる問題

ただし非典型例との接触はステレオタイプの中心傾向を直接は変化させないけれど、カテゴリー内の多様性や複雑性を知覚することにつながるとの指摘もあり、長い目でみたときには個人化された接触が集団への態度を変化させるのではないかとブリューワーとミラー（一九九六）は論考しています。

●ステレオタイプ化に影響を与える動機

協同学習がなぜステレオタイプや偏見の変容をうながすかを理解する別の手がかりとして、動機に関する研究があります。

フィスク（一九九八）は、ステレオタイプや偏見に偏った形の情報処理を回避させる（あるいはうながす）動機として「理解」「信頼」「統制」「所属」「自己高揚」の五つをあげています。

理解と信頼の動機

このうち、理解と信頼の動機は、単純なカテゴリー化を回避させます。物事を正確に理解しようと望む理解動機が生じれば、カテゴリーにもとづく単純な処理よりも個人の属性に注目した処理をうながすことになります。とくに、正確な判断をすることが自分や他者にとって重要な場面では、この動機が強まり、注意深い情報処理が行われることにつながります。また他者を信頼し、他者を善意あるものとして考えたいとする信頼の動機が生じると、偏見的な他者判断は抑制されることになります。ただし、この信頼の動機は、仲間や内集団成員などを判断する際に生じやすく、外集団の成員に対しては生じにくいと指摘されています。

統制動機

逆に、ステレオタイプ化をうながしやすいのは、自分で物事を統制したり決定することを望む統制動機です。体制化され一貫した対応をしなければならないときや、時間が迫っているような場合には、人はこの統制の動機が高まります。カテゴリーにもとづく情報処理は固定化されすばやく行うことができるのに対し、一人一人の属性を吟味するような情報処理は状況に応じて千差万別で時間もかかります。このため、統制動機が高まった場合には、ステレオタイプ化が生じやすいのです。

所属動機と自己高揚動機

一方、所属動機（他者と共に行動し、仲良くやっていきたいと望む動機）と、自己高揚動機（自分の価値（自尊心）を維持し高めようとする動機）は、ステレオタイプ化を回避させる場合と、逆にうながす場合と両方に働きます。所属動機が生じると、相手と良好な関係を築こうとするためにステレオタイプ化を避ける場合がある一方で、相手の期待を裏切らないためにステレオタイプに抗わない場合も考えられます。また所属集団がステレオタイプを肯定する規範をもっているのか、逆に否定する規範をもっているかによっても、ステレオタイプにもとづく情報処理が生じるのか否かは異なります。また自己高揚動機も、外集団の価値を低下させて内集団の価値を相対的に高める形で動機づけられると、ステレオタイプ化を促進していくと考えられます。その一方、「自分は偏見がない人間である」と考えることが本人の自尊心を高める場合には、自己高揚動機はステレオタイプ化を抑制することにつながってきます。

協同学習と動機

ここで協同学習場面における動機について改めて考えてみると、協同学習場面では相手の遂行によって自分の結果も影響されてしまいますから、相手を正確に理解しようとする動機が高まります。また仲間として考えるようになれば、信頼動機が高まるとともに、自己高揚のために相手を否定的にみる傾向も少なくなります。互いにやりとりする過程で自分の中にあるステレオタイプや偏見に気づいたようなときには、自分を平等主義的な人間とみなし自己高揚させようとする動機が高まり、ステレオタイプ化を避けると同時に、相手集団に抱いていたステレオタイプや偏見を積極的に修正することにもつながるでしょう。

●カテゴリー化の変容

さて、協同学習がステレオタイプや偏見の低減や変容に効果的であるもう一つの理由に、カテゴリー化の変容による集団間バイアスの変化が生じやすいことがあげられます。これまでの章でみてきたように、人が他者を内集団と外集団にカテゴリー化するという基礎的メカニズムは、集団間バイアスの原因となり、ステレオタイプや偏見の元となります。協同学習の研究から得られた知見は、内集団と外集団にわかれていたものが、達成すべき目標のもと別のまとまりに変化したために、以前にあった集団間バイアスが解消されたものと解釈することもできます。

先に、ブリューワーとミラー（一九八四）の個人化の知見を紹介しましたが、これは個人化した接触によって、内集団と外集団を分けていたカテゴリーを消すという発想です。しかし前述のように特定の個人との友好関係が成立しても、相手集団に対する偏見やステレオタイプそのものが変わらない可能性も大きく、非カテゴリー化の視点だけでは、実際のステレオタイプ・偏見の変容を十分には扱えません。そして現実場面で考えたときも、肯定的な社会的アイデンティティを得るために内集団をひいきするという基本的傾向をな

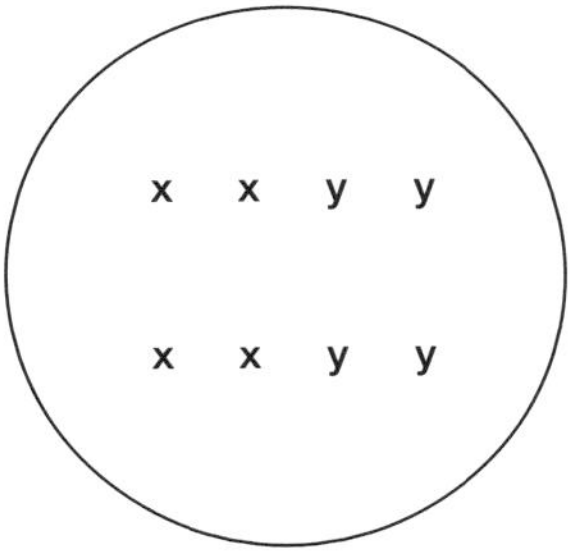

図39　再カテゴリー化された接触（ブリューワーとミラー，1996）
ｘとｙを取り囲む実線は，ｘとｙを取りまとめる新たなカテゴリーが成立したことを意味している。

くすことは難しいでしょう。この点をふまえ、カテゴリー化をなくすのではなく、カテゴリー化の形を変化させることで、集団間バイアスを低減しようとする一連の研究が行われています。

以下では、ステレオタイプ・偏見を低減・変容させるためにカテゴリー化の効果的な変容の形を検討したさまざまな研究のうち、代表的なものを紹介します。

再カテゴリー化

再カテゴリー化（recat-egorization）とは、先に示した図37の形で行っていたカテゴリーにもとづく接触を、図39に示すように各集団を包括するような上位のカテゴリーへ注目させる接触状況を構成することで、解消・低減を試みるものです。たとえば、対立していた二つの集団に、新たな共通の敵が現れたことにより、両集団が団結して一つになる場合などにあたります。

本章の初めで紹介したシェリフら（一九六一）のサマーキャンプ実験では、対立していた両集団が、上位目標（それぞれの集団固有の利益を越えて共通して解決しなければならない目標）を達成するために協同作業することで、偏見を解消していました。この協同作業をしているときには、二つの集団は一体化、すなわち一つの内集団へと再カテゴリー化されたものと解釈できます。偏見やステレオタイプを抱いていた相手を内集団として認識することで、外集団に対するステレオタイプ化が避けられると同時に、自己肯定のために相手を否定的に位置づける必要がなくなるのだといえます。

再カテゴリー化の実験例

この再カテゴリー化の効果を検証するために行った研究として、ガートナーら（一九八九）があります。この実験ではグループに分かれて課題を二回行いますが、二回目は当初外集団であった成員と共に行うようになっています。ただしこのときに二条件が設定され、集団のカテゴリー化の形が操作されました。その結果、再カテゴリー化（新たに一つの集団を作ったことを意識させた）条件では、当初の外集団成員への魅力が増加することで集団間バイアスが減少していました。一方、非カテゴリー化（課題は個別の作業であることを意識させた）条件では当初の内集団成員への魅力が低減することでバイアスが減少していました。この実験結果は、再カテゴリー化条件のように、はじめに区分されたカテゴリーを越えて共通の目標を設定することで、人々の中に共通する一体感が生まれる可能性を示しています。そしてカテゴリーそのものを消そうとする（非カテゴリー化）よりも、新たな共通カテゴリーを成立させるほうがより好意的な集団意識を形成しやすいことも示唆しています。

下位カテゴリー化

しかし、現実場面では、対立する集団が共通の目標に向かって協力しても、葛藤が解消されるどころか否定的な態度が増加してしまうことがあります。これは、人が自分の所属する集団こそ価値があると、集団を肯定的なアイデンティティのよりどころとしているような場合によく生じます。たとえば、二つの会社が合併されて一つになるようなとき、「〇〇会社の社員である」ことを自分の強い誇りにしていた人ほど、別の会社と一体化することに抵抗を感じたり、合併後に別会社から来た人物と強く対立してしまうことなどがあります。上位目標で協同する（別の会社の一員となる）ことは集団の区別を薄れさせてしまい、アイデンティティの成立には脅威となってしまいます。このため、逆にステレオタイプや偏見が強くなってしまうのです。

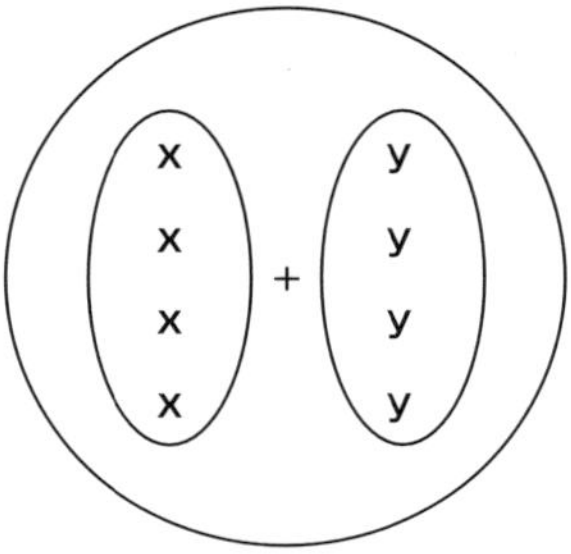

図40　下位カテゴリー化された接触（ブリューワーとミラー，1996）
xのカテゴリー化とyのカテゴリー化を残したままで，さらにそれを取りまとめる新たなカテゴリーが成立したことを意味している。

デシャンとブラウン（一九八三）は、肯定的な集団間接触を促進させるためには、集団成員それぞれが、補足的な役割を担い共通目標のために別々に貢献するような形で、接触状況を構成することが望ましいと主張しています。集団にとって、ユニークで関連のある役割をもって社会的アイデンティティが達成されれば、肯定的な弁別性を協同的な関係の中で維持できます。別々に、共通目標の達成に貢献することで、葛藤の解消が可能というのが彼らの考えです。これは図40に示す形の再カテゴリー化で、下位カテゴリー化（subcategorization）ともよばれています。会社の合併の例でいうなら、以前の個々の会社構造を残した形で、新たな組織を成立させるといった形にあたります。ただし、下位カテゴリー化には集団バイアスやステレオタイプを維持しつづけてしまう恐れもあるので注意が必要です。

先に紹介した、山内（一九九六）の協同学習実験では、晴眼者の大学生と、盲学校生に協同作業をさせることで、晴眼者が抱く盲人に対する偏見が低減されました。この研究では、晴眼者は墨字のみ、盲学生は点字のみが読めるという状況が設定されています。これはまさに、課題を達成するという共通目標のために、お互いが補足的な役割を別々に果たすという形での、接触状況であったと考えられます。

再カテゴリー化に関わる問題

より上位のカテゴリーへと再カテゴリー化をうながすというこれらのモデルは、現実の偏見やステレオタイプを低減させるのに有効と考えられます。しかしいずれも成功のためには、集団間に肯定的な相互依存性を作り出し、既存の競争状況を無効にするような強い共通目標を設定することが必要です。本章の冒頭で紹介したアルバニア系の小学校では、セルビア系の小学校と共に学習するという目標を提示しただけで、子供たち・教師陣両方から大きな感情的反発が生じていました。このように、集団間に否定的感情が強い場合には、両者が前向きに取り組める共通目標を設定することは非常に難しいでしょう。また共通のカテゴリーを形成しても、それが現実的なものでなければ、社会的アイデンティティの源には成り得ず、結局消えてしまう可能性も強いと考えられます。単なる接触が必ずしもステレオタイプや偏見を低減させせなかったことを思い出してください。中途半端な接触は、ステレオタイプを確認することにつながってしまいます。

交叉カテゴリー化

現実社会において、人はさまざまなカテゴリーに属していますが、状況によってはそのうちの一つが圧倒的に強い意味をもっていることがあります。このカテゴリーの顕現性（目立つ程度）を低下させるためには、別のカテゴリーを意識させたり、カテゴリーを分断する形で別の役割を割り当てる方法が考えられます。図41では、ＸＹを分けるカテゴリーに、新たにＡＢを分けるカテゴリーが交叉したところを示しています。

この交叉カテゴリー化（cross-cutting categorization）の考えを支持する研究として、マーカス-ニューホールら（一九九三）は、被験者にカテゴリーを交叉して割り当てることによって、当初カテゴリー内の類似性の知覚が低下し、逆にカテゴリー間の類似性の知覚が増加したことを示しています。彼らは、非カテゴリー化の考えをふまえ、新たなカテゴリー化によって元の外集団成員を個人化してみる機会が生じたため、バイアスが低下した

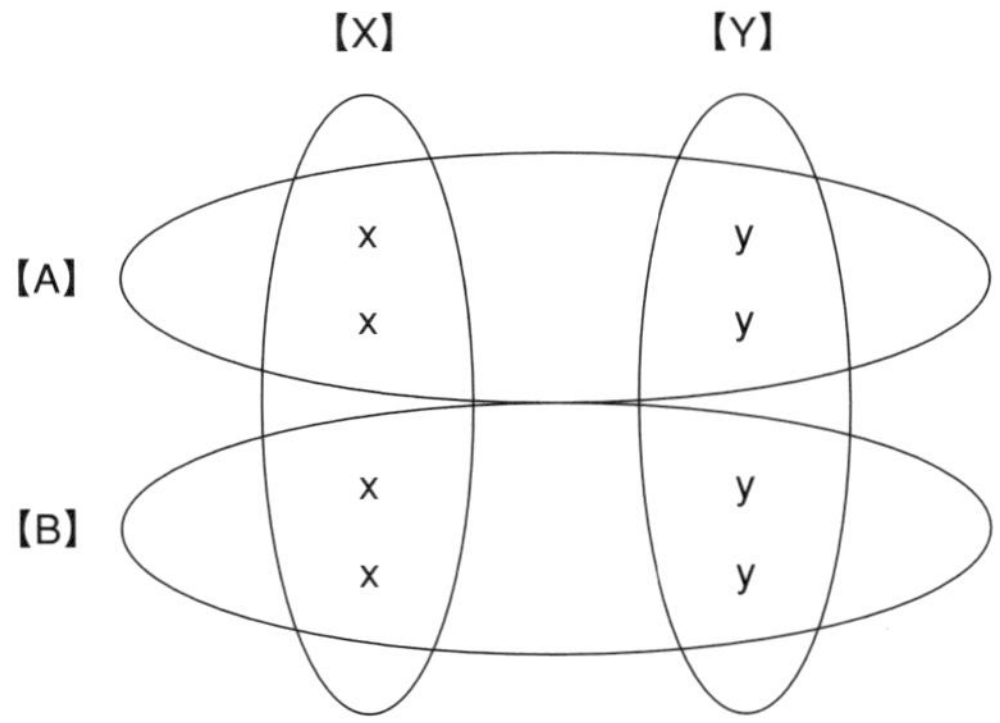

図41　交叉カテゴリー化による接触

（ブラウン，1995にもとづき筆者が作成）

XYのカテゴリー化を残したままで，それを分断する形の新たなカテゴリー（AB）が成立したことを意味している。

と論考しています。

交叉カテゴリー化に関わる問題

この知見を、現実場面で解釈するならば、性別といった一つの指標のみで判断せず別なくくり方もできるように、年齢・社会的背景・学歴・人種などいろいろなカテゴリーを同時に目立たせることが、ステレオタイプや偏見の影響を弱めることに有効ということになります。ただし、現実の数多くの社会的カテゴリーは複雑に絡み合っており、交叉ではなく同じ方向で重なっていたり、交叉しても弱い片方が無視されてしまうことも多いのです（ブラウンとターナー 一九七九）。たとえば統合教育の場面で、人種カテゴリーを目立たせないよう能力別クラスにしたのに、能力の低いクラスに特定の人種が集まってしまい、かえって差を強調させてしまうだけだった例などにあたります。実験場面以上に現実場面では、交叉するカテゴリー状況を設定することは容易ではないでしょう。また、再カテゴリー化と同様に、交叉カテゴリー化によって自己の社会的アイデンティティが脅かされるような状況では、交叉カテゴリーの効果は弱まってしまいます。

このように、カテゴリー化の変容にはさまざまな形が提案されています。実際には、どのカテゴリー化モデルが有効なのかということよりも、それぞれのステレオタイプ・偏見の性質や状況によって、可能な形や有効な形が異なるといえるでしょう。

現実場面への適用

現実のステレオタイプや偏見は、社会構造そのものと結びついており、カテゴリー化のあり方を変化させたり、集団間の勢力差をなくすには究極的には構造変化が必要となってきます。実験室と異なり、社会にあるステレオタイプや偏見は多くの人が共有しているものであり、一つの組織が変化したとしても、全体の変化にはなかなか結びつきにくいと考えられます。またとくに、政治や法律がステレオタイプ・偏見を支える姿勢をとっているときに、変化はなかなか生じにくいでしょう。

しかし社会構造の変化が当分望めない場合でも、限定された範囲ならステレオタイプや偏見を低減させようと試みることは可能です。その一つの例として、国連難民高等弁務官事務所（UNHCR）が援助をしている、ボスニアの女性達の活動を紹介してみます。二〇〇一年一月に放送されたNHKスペシャル「難民と歩んだ十年――緒方貞子・国連難民高等弁務官」の中で、内戦でお互いに戦った民族の女性たちが、各民族の衣装をまとったボスニア人形を共同で開発し、販売している様子が紹介されていました。この活動では、

図42　ボスニア人形（写真撮影：サイエンス社）
まったく同じように作られた人形の本体にそれぞれの民族衣装を着せている（左からセルビア人，クロアチア人，ムスリム（イスラム教徒））。

クロアチア系の女性たちは、人形の身体をＵＮＨＣＲから提供された釜で焼いて作成し、セルビア系の女性は提供された毛糸で布を織り、そしてイスラム教徒の女性が提供されたミシンで布を縫って衣装を作り、それらを合わせて人形を完成させていました（図42）。ここで女性たちは、一つの商品を作るために、民族を越えて技術を結集させています。この取り組みは民族によってカテゴリー化されていた人々が上位目標に向かって一つの集団を作るという意味で、まさに再カテゴリー化をうながすものになっています。活動に参加していた女性の一人は、「私たちはこれまで一緒に生きてきたし、生きていかなければならない」と語っていました。ここでは肯定的な相互依存状況と強い共通目標がこの意志を支えています。緒方貞子氏は番組のインタビューの中で、「一緒に仕事をすることによって、和解とまではいかなくても、日本語で言う「共生」のチャンスを作る」と述べていました。限定された範囲であっても、各方面からのこのような変化が蓄積されれば、全体としての社会変化をうながす力になることは間違いないでしょう。ただしこの際には、ステレオタイプや偏見を解消しようと望む意志が、それぞれの個人に抱かれていることが重要と考えられます。

●個別の相互作用に関わる心理的問題

ここまで集団と集団の関係ということから、ステレオタイプ・偏見の低減・変容について考えてみましたが、接触する個人の立場に立ったときには、そこで生じる不安や戸惑いが大きなハードルとなってきます。ステレオタイプ・偏見にはさまざまなものがありますが、とくに相手に対して否定的な感情を強く伴う場合は、接触には抵抗が伴うでしょう。それはステレオタイプや偏見が、自尊心維持や社会システムを正当化することと結びついているためです（3章参照）。その一方で、相手に対する知識や接触の経験がないことも、不安や抵抗を抱く要因の一つです。

障害者に接するときの不安

たとえば、全国の二〇歳以上の男女を対象とした総理府（一九九八）の世論調査では、障害のある人と気軽に話をしたり、障害のある人の手助けをした経験のない回答者は、その理由として「そのような機会がなかった」をもっとも多くあげていますが、その他に「どのように接してよいかわからない」「おせっかいになるような気がした」などを一割程度あげています。また上瀬（二〇〇一）では、大学生を対象とした質問紙調査の結果から、視覚障害者に対する態度の中に、「目の不自由な人に、気軽に声がかけられない」「目の不自由な人に対して、変な遠慮がある」など、接触に対する戸惑いや不安を示す意識が強くみられることを示しています。このように、障害者に対するステレオタイプや偏見には、知識のなさによる不安感・抵抗感が相互作用を妨げる大きな要因になっています。

人種間接触時の心理的負担

心身の障害だけでなく、人種偏見を取り上げた研究の中でも、同様の傾向が示されています。たとえばイッケス（一九八四）は、白人と黒人の相互作用（やりとり）の様子を観察した結果、次のことを指摘しています。まず、お互いが話し合う相互作用において、白人被験者は黒人被験者よりも、よりアクティブな関与（たとえば会話をよくしようと努める）を見せ、より肯定的態度（たとえば笑う・うなずく）を示しました。しかしその一方で、白人被験者は相互作用の間、緊張し、落ち着かなかったと報告していたのです。多分彼らが相手（黒人）に偏見のないことを強く示そうとしていたために、そのような緊張が生じたのだと思われます。

またデヴァインら（一九九六）は、白人と黒人の相互作用の様子を観察し、白人がアイコンタクト回避（視線をそらす）などの非言語的行動を示すことを指摘しています。このことは、白人被験者がステレオタイプや偏見をもっているからではなく、「偏見がかっていないように行動しなくては」と心配することそのものが、心理的負担になっていることを示しています。偏見的でないという自己概念をもつ人にとって、偏見の対象になりやすい相手との相互作用には心理的負担が生じます。なぜなら、偏見的でないように振る舞おうとしても、偏見的なあるいは偏見的と解釈されうる行動（言語的・非言語的）をしてしまったり、失敗してしまったりすることがあるためです。とくに、相手が障害をもっているようなときには、どのように接してよいかわからず、逆に相手に不快な思いをさせるかもしれないなどと考えてしまうようです。しかも相互作用に失敗すると、罪や良心の呵責を感じる結果となります（デヴァインとモンテイス 一九九三、デヴァインら 一九九一）。

ここで自尊心を守る必要を感じたり、失敗から生じるフラストレーションを避けるために、相手と関わらないように逃げ出すなど、最終的に適切に相互作用することから降りてしまう可能性もあります。

心理的負担の解消に向けて

このように、ステレオタイプ・偏見の低減や変容を試みる際には、その過程で個人が感じる心理的負担を乗り越えなければなりません。しかもこの負担を解消するためには、経験を積むしかないとの指摘があります。たとえば、山内（一九九六）の研究では、協同作業場面と並行して、盲人に関する知識を提供することだけで偏見が解消されるか否かも検討しています。実験の結果、知識提供だけでは盲人一般のイメージは十分に変化しにくいとの結果が提出されています。この点から山内は、単に情報を仕入れて頭の中の認知や感情を変えるだけでなく、協同作業をとおして接触体験をし、その中で成功感を感じ、相互作用に自信をもつことが偏見の解消には重要と論じています。

またクロッカーら（一九九八）も、相手をカテゴリーからみるのではなくて、個人として判断したいという望みをもっている場合、それぞれが相互作用場面で好ましい結果を得る経験をすれば、それが自信となり、次の接触につながり、さらにより望ましい経験につながっていくと論考しています。ステレオタイプ・偏見の低減や変容を試みるときには常に、知識を提供するだけでなく、体験も提供することの重要性が改めて感じられます。

ただし、強い偏見を抱いている人は、相手と接触することに不安や抵抗をもつため、体験そのものを拒否する傾向があるでしょう。実験場面ならともかく、日常生活で接触体験を強要することは現実的とはいえません。このような場合には、相互作用に導く前段階のプログラムが有効となるでしょう。山内（一九九六）は知識提供のためのプログラムとして、視聴覚情報によって障害者の特性や相互作用の意義を理解させることを提案しています。また上瀬ら（一九九八）が用いた電子メールによるコミュニケーションも、相互作用に不安がある人でも、比較的抵抗なく参加できるコミュニケーションの形です。この場合は大きなステレオタイプの変容は望めませんが、知識の提供により接触に対する不安や抵抗感を減らし、次の接触の段階へ進みやすくすることができると考えられます。

このように、変容や低減を試みる際には、それぞれの個人が抱く偏見の強さやおかれた状況をふまえ、適切な方略を選び、さまざまな接触形態を段階的に進めることによって、相互作用の不安や抵抗の問題を少しずつ解消していくことが必要と思われます。

●個人的方略の可能性

ここまでステレオタイプや偏見の変容について、複数の知見を紹介してきましたが、特定の状況でこれらのモデルを個人的に応用することはできるのでしょうか。エバハートとフィスク（一九九六）は、ステレオタイプのターゲットとなった側が、職場での偏見や差別と戦う際にも、社会心理学的知見を応用することが可能と論じています。ここでは個別的に利用する際の方略として、表3に示す八つが提出されています。

エバハートとフィスクは、低勢力であるために注意を向けてもらえない（ステレオタイプ化されやすい）女性が、状況を改善するために利用することを念頭においてこれらの方略を説明しています。たとえば職場で「唯一の女性」という状況になると、「女性」というカテゴリーが目立ってしまいステレオタイプ化されやすいことがあります。このときに、学歴や役職などを強調すれば（方略①）、極端に単純化された性ステレオタイプについて他者が再考するようにうながせます。また相手と共通の目的をもって仕事をしていることを強調すれば（方略②）、相手が自分を内集団の仲間として認識して、ステレオタイプ化された判断が低減する可能性があります。さらに、内集団になれない（なりたくない）場

表3　個別的利用の方略の例（エバハートとフィスク，1996）

①別のカテゴリー化をうながしたり，さまざまなカテゴリーを強調する
自分が所属するさまざまなカテゴリーを強調し，相手が自分を否定的ステレオタイプ化の元となるカテゴリーで判断しないように導く。

②同一化をうながす
相手が自分を内集団の仲間として認識するように，相手と共通の目的をもって仕事をしていることや，考え方の類似性などを強調する。

③相互依存性を利用する
目的達成のために，自分と相手がお互いを必要とし合っていることを強調する。

④説明責任を強調する
相手の説明責任（他者に対し，自分の行った判断について説明したり，責任をとらなければならない可能性がある状況）を強調する。

⑤共有された価値を想起させやすくする
他者を差別したり偏見をもってはいけないという価値観を相手の意識に上りやすくさせる。

⑥最良の自己概念を発揮させる
相手自身が平等主義的な人間であることを思い出させる。

⑦行動の理想と現実のズレを強調する
相手の現実の行動が，本人の理想とズレていることを指摘する。

⑧相手の自己利益をアピールする
偏見をもったり差別を行うことが，結局は相手自身の不利益につながっていることを説明する。

合でも、目的達成のために、自分と相手がお互いを必要とし合っていることを強調すれば（方略③）、相手はもっと自分に注意を向け、ステレオタイプ化が避けられると考えられます。また上司の一人が、女性の地位向上に積極的だと自負しているような場合は、方略⑥にもとづいて、事あるごとに相手を誉め、常に意識を高めてもらうこともステレオタイプ化を避けるために有効かもしれません。

個人的利用に関わる問題

ただし個人として行動を起こすには、常にリスク（危険）が伴います。上記の方略の中でも後の番号ほど個人的リスクが大きい形になっていますが、とくに「⑦ズレの強調」や「⑧相手の自己利益をアピール」は注意が必要です。たとえば、女性差別的な発言をした上司や同僚に「あなたは普段、男女平等主義者だと言っているけれど、実際の行動は差別的だ」などとズレを指摘したとします。相手が反省して態度を改めてくれればよいのですが、侮辱されたと感じ怒る場合も多いでしょう。また訴訟を起こすと脅かすなど直接的な表現で相手の不利益を指摘しても、かえって職場などの人間関係を悪くしかねません。

上司や同僚は、ターゲット（差別の対象となっている人）に対して自分たちが不公平に扱っているとは自発的に考えないことが多いものです。したがって、一般論とか抽象的な表現で、やんわりと不利益を指摘しても相手の心はまったく動かされないかもしれません。かといって厳しく非難すると反発も大きいという難しさがあります。

これらの方略について日本での適用を考えてみると、大組織での不祥事が起こったときにしばしば「説明責任」の欠如が指摘されることを考慮すると、「④説明責任を強調」によってステレオタイプ化に気をつけてもらおうとすることは少し難しいかもしれません。また女性を差別してはいけないという規範が明確にないような職場では、平等主義的価値観に訴える方法（方略⑤⑥⑦⑧）の有効性には疑問が残ります。男女平等という価値観を意識に上らせること自体に、すでに大きな労力が必要となりますし、偏見をもったり差別することが結局は相手自身の不利益につながっていることを説明しても、ピンとこない人が多いかもしれません。

一方、「③相互依存性を利用」は比較的適用しやすい方略のように思います。日本のサラリーマンとOLの関係を分析した小笠原（一九九八）は、企業では女性が男性に依存している面よりも、男性が女性に依存している面が強いことを指摘しています。社内の仕事をOLが行っているからこそ、男性が効率的に仕事に取り組める状況になっているというのです。この中で小笠原は、OLが、嫌いな上司の仕事を積極的に行わないことで上司を困らせて勢力をふるう事例を紹介しています。これは相互依存性を利用することで、勢力の弱いもの（ＯＬ）が、強いもの（男性）に注意を向けさせている方法の一つと解釈することができるでしょう。

ただし小笠原は、このような勢力の行使は、ＯＬが昇進といった社内競争から外れているからこそできることであり、加えて「女性は感情に流される」「女性は仕事への取り組みが甘い」という従来の性ステレオタイプを正当化してしまうことにもつながる危険を含んでいると指摘しています。つまり、この方略は個人の限定された利益にはなっても、相手のステレオタイプを根本的に変容させることにはつながらないかもしれないのです。しかもその行為が、集団に関連するステレオタイプを逆に強めてしまい、職場の他の女性にとってはステレオタイプ脅威を高めたり、帰属の曖昧性を高めることにつながる可能性があります。

このように考えると、表3にある方略を個人的に利用するといっても実際は容易ではなく、影響過程も複雑であることがわかります。加えて、個人的方略のインパクトはどうしても小さいため、変化を生むためには繰り返し長期にわたって努力することが必要となります。また特定の部署で対応が改善されても別の部署に移ればふたたび同じことを繰り返さなければならないような可能性も高いでしょう。したがって、個人的方略を適用することは可能であるけれど、効果は限定されており、個人的方略をサポートするような規範が社会にあってこそ、大きな効果を生むことができると考えられます。

●最後に

本章では、現実のステレオタイプや偏見の低減・変容を試みた研究を紹介してきました。それぞれが異なる視点から、そして限定された範囲ではありましたが、否定的イメージを変容させたり、集団間のバイアスを低減させようることを示しています。

ここまでとおしてみてきたように、ステレオタイプや偏見の形成あるいは変容には、現実の社会のあり方と、それを解釈する個人の心の問題、この両方が関わっています。確かに差別は現実の社会システムによって作り出され、その社会システムを正当化するためにステレオタイプや偏見は強化されていきます。またこのステレオタイプや偏見は、私たちがごく幼く無批判なころに知識として取り込まれてしまい、成人してからの情報処理に大きな影響を与えてしまいます。このように考えると、ステレオタイプや偏見の変容には、究極的には社会の構造を変え、社会に普及する否定的な文化的ステレオタイプや偏見を解消していくことが必要です。

しかしその一方、ステレオタイプや偏見は個人の心に存在するもので、私たちのもつ認知的傾向や自己高揚傾向から生じたものでもあります。私たちの心の中からステレオタイプや偏見を完全になくすことは難しくても、既存研究が示してきたように否定的内容を意識的に変容させたり、あるいはその活性化をコントロールすることは可能です。そして、否定的ステレオタイプや偏見の対象となっている側の心理的苦境を思うと、社会システムの変化を待つだけでなく、私たち一人一人がステレオタイプ化や偏見を回避しようと試み、また努力し続けることが必要なのではないでしょうか。

ステレオタイプや偏見の変容や低減を実践するためには、現実には相当の労力を伴います。理論的には有効であるとされた上位目標の設定も、実際に対立する集団に提示するとなると非常に難しい場合がほとんどです。また協同学習や協同作業が集団間バイアスを低減させるのに有効だとしても、対立集団においてそれを設定できる場合のほうが少ないかもしれません。また設定できたとしても、そのために費やさなければならない労力は膨大なものです。

ステレオタイプや偏見の中でも、本人の経験がもとになっていたり、感情的な要素が強い偏見を解消するのは、とくに大きな困難が伴うでしょう。

それでも、協同学習や協同作業を取り上げた研究例が示すように、小さな範囲からステレオタイプの否定的内容を変化させたり偏見を弱めていくことは可能ですし、限定された範囲であっても否定的なステレオタイプや偏見を変容させていくことは大切なことと考えられます。そしてその試みが、より良い形での社会システムの変化に少しずつでもつながっていくことを、強く願いたいと思います。

おわりに

本書は、ステレオタイプや偏見に関する社会心理学のさまざまな知見を広く紹介することを目的としました。ステレオタイプや偏見をできるだけ身近なものとしてとらえてもらおうと、地域ステレオタイプや血液型ステレオタイプなど、日常的に話題にされる例を多くあげました。このため、本来ならもっとも取り組むべき、差別につながるような深刻な社会的問題としての側面が薄くなってしまった感があります。また包括的な視点から解説を試みたため、具体的な事象についてはあまりふれることができませんでした。問題を抱えた方の中には、もっと具体的な形での解説を求めた方がおられるかもしれません。

ステレオタイプや偏見について私たちが思いを巡らせるとき、それは自分自身が現実の問題に直面したときでしょう。これらの問題はそれぞれが個別の事情を抱えています。ステレオタイプや偏見を解消することは非常に難しいのですが、本書が皆さんのおかれた状況を分析したり、解消への手がかりを得ることに、多少なりとも役立てば幸いです。そして機会があれば、課題として残されたこれらの問題を改めて扱いたいと考えています。

本書で扱ったのは、ステレオタイプや偏見に関する研究のごく一部です。とくに対人認知研究に関わる分野からは、ステレオタイプ形成や維持のメカニズムについて数多くの知見が提出されています。本書を読んでステレオタイプや偏見の問題に関心をもった方には、以下の専門書をお勧めします。

池田謙一・村田光二　一九九一　こころと社会　東京大学出版会
唐沢　穣・池上知子・唐沢かおり・大平英樹（著）　二〇〇一　社会的認知の心理学　ナカニシヤ出版
佐藤達哉・岡　隆・池上知子(編)　一九九九　現代のエスプリ三八四号　偏見とステレオタイプの心理学　至文堂
ブラウン　一九九九　偏見の社会心理学　北大路書房
ブラウン　一九九三　グループ・プロセス　北大路書房
山本眞理子・外山みどり(編)　一九九八　社会的認知　誠信書房
山本眞理子・外山みどり・池上知子・遠藤由美・北村英哉・宮本聡介（編）　二〇〇一　社会的認知ハンドブック　北大路書房

また英文では、以下のものがあります。

Macrae, C. N., Stangor, C., & Hewstone, M. (Eds.)　1996　*Stereotypes and Stereotyping* (Pp. 369－415).　New York: Guilford Press.

Gilbert, D. T., Fiske, S. T., & Lindzey, G. (Eds.)　1998　*Handbook of Social Psychology* (4th ed.).　New York: McGraw-Hill.

Stangor, C.　2000　*Stereotype & Prejudice: Essential readings.*　Psychology Press.

最後になりましたが、本書の刊行にあたっては多くの方々のご薫陶とアドバイスをいただきました。著作の機会を与えて下さいました編集委員の安藤清志先生、松井　豊先生には、心から感謝を申し上げたいと思います。とくに松井先生には、私が院生時代に行った血液型ステレオタイプの研究からご指導賜り、本書についても貴重なご示唆と励ましをいただきました。一橋大学の村田光二先生には、草稿の段階で目を通していただき、貴重なご教示をたくさんいただきました。また二〇〇一年度の江戸川大学社会心理学ゼミ三年生の皆さんには、原稿をじっくり読んでもらい、読者としての立場から多くの意見をいただきました。日本放送協会の岩田真治氏には、貴重なボスニア人形を快く見せていただきました。サイエンス社の清水匡太、小林あかね両氏にも深く感謝申し上げます。皆様に謝意をささげて、本書を閉じさせていただきます。

二〇〇二年一月

上瀬由美子

山崎賢治・坂元　章　1992　血液型ステレオタイプによる自己成就現象：全国調査の時系列的分析2　日本社会心理学会第33回大会発表論文集, 342-345.

Stephan, W.G. 1978 School desegregation: an evaluation of predictions made in Brown vs. Board of Education. *Psychological Bulletin*, **85**, 217-238.

Tajfel, H. 1981 Social stereotypes and social groups. In J.C.Turner, & H.Giles (Eds.), *Intergroup Behavior* (Pp. 144-167). Oxford: Blackwell.

Tajfel, H. & Turner, J.C. 1979 An integrative theory of intergroup conflict. In W.G.Austin, & S.Worchel (Eds.), *The social psychology of intergroup relations* (Pp.33-47). Books/Cole.

Tajfel, H. & Turner.J.C. 1986 The social identity theory of intergroup behaviour. In S.Worchel, & W.G.Austin (Eds.), *Psychology of intergroup relations* (2nd ed., Pp.7-24). Chicago: Nelson-Hall.

Tajfel, H. & Wilkes, A.L. 1963 Classification and quantitative judgment. *British Journal of Psychology*, **54**, 101-114.

Tajfel, H., Billig, M.G., Bundy, R.P., & Flament, C. 1971 Social categorization and intergroup behavior. *European Journal of Social Psychology*, **1**, 149-178.

詫摩武俊・松井　豊　1985　血液型ステレオタイプについて　人文学報（東京都立大学人文学部），**172**, 15-30.

Tayler, D.M., Wright, S.C., & Porter, L.E. 1994 Dimensions of perceived discrimination: The personal/group discrimination discrepancy. In M.Zanna, & J.M.Olson (Eds.), *The psychology of prejudice: The Ontario symposium* (Vol. 7, Pp.233-255). Hillsdale, NJ.: Erlbaum.

Taylor, D.M., Wong-Rieger, D., Mckirnan, D.J., & Bercusson, T. 1982 Interpreting and coping with threat in the context of intergroup relations. *Journal of Social Psychology*, **117**, 257-270.

Turner.J.C., Hogg, M.A., Oakes, P.J., Reicher, S.D., & Wetherell, M.S. 1987 *Rediscovering the social group: A self-categorization theory*. Oxford: Blackwell. （蘭　千壽・磯崎三喜年・内藤哲雄・遠藤由美（訳）1995　社会集団の再発見——自己カテゴリー化理論　誠信書房）

渡部玲二郎・佐久間達也　1998　児童の算数不安の構造およびそれに対する教師のサポートについて：ソーシャル・サポートの観点からの検討　教育心理学研究，**46**, 184-192.

Weber, R., & Crocker, J. 1983 Cognitive processes in the revision of stereotypic beliefs. *Journal of Personality and Social Psychology*, **45**, 961-977.

Wegner, D.M. 1994 Ironic processes of mental control. *Psychological Review*, **101**, 34-52.

Wegner, D.M., & Erber, R. 1992 The hyperaccessibility of suppressed thoughts. *Journal of Personality and Social Psychology*, **63**, 903-912.

山内隆久　1996　偏見解消の心理　ナカニシヤ出版

72, 373-389.
坂元 章 1995 血液型ステレオタイプによる選択的な情報使用 実験社会心理学研究, **35**, 35-48.
坂元 章・森津太子・坂本 桂・高比良美詠子（編） 2000 サブリミナル効果の科学——無意識の世界では何が起こっているか 学文社
佐藤達哉 1994 ブラッドタイプ・ハラスメント——あるいはABの悲劇 現代のエスプリ, **324**, 154-160.
Schofield, J.W. 1991 School desegregation and intergrpup relations: a review of the research. In G.Grant (Ed.), *Review of research in educaion* (vol. 17, Pp.335-409). Washington, D.C.: American Educational Research Association.
Scott, R, A. 1969 *The making of blind men: A study of adult socialization*. New York: Russell Sage Foundation.（三橋 修（監訳・解説） 金 治憲（訳） 1992 盲人はつくられる——大人の社会化の一研究 東信堂）
Sherif, M., Harvey, O.J., White, B.J., Hood, W.R., & Sherif, C, W. 1961 *The Robbers cave experiment: Intergroup conflict and cooperation*. Wesleyan University Press: Middletown, Connecticut.
下條信輔 1996 サブリミナル・マインド——潜在的人間観のゆくえ 中公新書
Slavin, R.E. 1979 Effects of biracial learning teams on cross-racial friendships. *Journal of Educational Psychology*, **71**, 381-387.
園田直子 2000 学業達成とジェンダー 伊藤裕子（編著） ジェンダーの発達心理学 ミネルヴァ書房 Pp.54-76.
総理府 1987 昭和61年版世論調査年鑑 大蔵省印刷局
総理府 1998 月刊世論調査「障害者」 月刊世論調査, 平成10年2月号
Spencer, S.J., Steele, C.M., & Quinn, D.M. 1997 *Stereotype vulnerability and women's math performance*. Unpublished manuscript, University of Waterloo.
Stangor, C., & Ford, T.E., 1992 Accuracy and expectancy-confirming processing orientations and the development of stereotypes and prejudice. In W.Stroebe, & M.Hewstone (Eds.), *European Review of Social Psychology 1* (Vol. 3, Pp.57-89). Chichester: John Wiley.
Steele, C.M., & Aronson, J. 1995 Stereotype vulnerability and the intellectual test performance of African Americans. *Journal of Personality and Social Psychology*, **69**, 797-811.
Stephan, W.G. 1989 A cognitive approach to stereotyping. In D.Bar-Tal, C.F.Graumann, A.W.Kruglanski, & W.Stroebe (Eds.), *Stereotypes and prejudice: Changing conceptions* (Pp.37-57). Springer-Veriag.

-108.
松井　豊・上瀬由美子　1994　血液型ステレオタイプの構造と機能　聖心女子大学論集，第 82 集，89-111.
McConahay, J.B.　1986　Modern racism, ambivalence, and the modern racism scale.　In J.F.Dovidio, & S.L.Gaertner (Eds.), *Prejudice, Discrimination, and Racism* (Pp. 91-125).　San Diego: Academic Press.
McConahay, J.B., & Hought, J.C., Jr.　1976　Symbolic racism.　*Journal of Social Issues*, **32**, 23-45.
Merton, R.K.　1968　*Social theory and social structure* (England edition).　New York: Free Press.
ナンシー関　1993　何をいまさら　世界文化社
小笠原祐子　1998　OLたちの〈レジスタンス〉サラリーマンとＯＬのパワーゲーム　中公新書
大江朋子・岡　隆　1999　ステレオタイプ・偏見の抑制によるリバウンド効果　現代のエスプリ，**384**, 73-79.
Quinn, D.M., & Spencer, S.J.　1996　*Stereotype threat and the effect of test diagnosticity on women's math performance.*　Paper presented at the annual American Psychological Association conference, Toronto, Canada.
Ray, J.J.　1980a　Authoritarianism in California 30 years later: With some cross-cultural comparisons.　*Journal of Social Psychology*, **111**, 9-17.
Ray, J.J.　1980b　Racism and authoritarianism among white south Africans.　*Journal of Social Psychology*, **110**, 29-37.
Ray, J.J., & Lovejoy, F.H.　1983　The behavioral validity of some recent measures of authoritarianism.　*Journal of Social Psychology*, **120**, 91-99.
Rosenberg, M.J., & Hovland, C.I.　1960　Cognitive, affective and behavioral components of attitude.　In M.J.Rosenberg, C.I.Hovland, W.J.McGuire, R.P.Abelson, & J.W.Brehm (Eds.), *Attitude organization and change* (Pp.1-14).　Yale University Press.
Rosenthal, R., & Jacobson, L.　1968　*Pygmalion in the classroom: Teacher expectations and pupil's intellectual development.*　New York: Holt, Rinehart, and Winston.
Ruggiero, K.M., & Taylor, D.M.　1995　Coping with discrimination: How disadvantaged group members perceive the discrimination that confronts them.　*Journal of Personality and Social Psychology*, **68**, 826-838.
Ruggiero, K.M., & Taylor, D.M.　1997　Why minority group members perceive or do not perceive the discrimination that confronts them: The role of self-esteem and percieved control.　*Journal of Personality and Social Psychology*,

オタイプ変容モデルの検証　社会心理学研究，第11巻，170-179.
唐沢　穣　1996　地域ステレオタイプと集団間認知――名古屋人・大阪人ステレオタイプと外集団均質化効果　日本グループ・ダイナミックス学会第44回大会発表論文集，100-101.
Katz, I.　1981　*Stigma: A social-psychological perspective*.　Hillsdale, NJ: Erbaum.
Katz, I., & Hass, R.G.　1988　Racial ambivalence and American value conflict: Correlational and priming studies of dual cognitive structures.　*Journal of Personality and Social Psychology*, **55**, 893-905.
Lippmann, W.　1922　*Public Opinion*.　New York: Harcourt Brace.（掛川トミ子（訳）　1987　世論（上・下）　岩波文庫）
Lucker, W., Rosenfield, D., Sikes, J., & Aronson, E.　1976　Performance in the interdependent classroom: A field study.　*American Research Journal*, **13**, 115-123.
Macrae, C.N., Bodenhausen, G.V., Milne, A.B., & Jetten, J.　1994　Out of mind but back in sight: Stereotypes on the rebound.　*Journal of Personality and Social Psychology*, **67**, 808-817.
Major, B.　1987　Gender, justice, and the psychology of entitlement.　In P.Shaver, & C.Hendrick (Eds.), *Review of personality and social psychology* (Vol. 7, Pp.124-148).　Beverly Hills, CA: Sage.
Major, B., & Schmader, T.　1998　Coping with stigma through psychological disengagement.　In J.K. Swim, & C.Stangor (Eds.),　*Prejudice: The target's perspective* (Pp.219-241).　San Diego: Academic Press.
Major, B., & Crocker, J.　1993　Social stigma: The affective consequences of attribution ambiguity.　In D.M.Mackie, & D.L.Hamilton (Eds.), *Affect, cognition, and stereotyping: Interactive processes in intergoup perception* (Pp.345-370). San Diego: Academic Press.
Major, B., Spencer, S., Schmader, T., Wolfe, C., & Crocker, J.　1998　Coping with negative stereotypes about intellectual performance: The role of psychological disengagement.　*Personality and Social Psychology Bulletin*, **24**, 34-50.
Marcus-Newhall, A., Miller, N., Holtz, R., & Brewer, M.B.　1993　Coss-cutting category membership with role assignment: A means of reducing intergroup bias.　*British Journal of Social Psyhology*, **32**, 125-146.
松井　豊　1991　血液型による性格の相違に関する統計的検討　東京都立立川短期大学紀要，**24**, 51-54.
松井　豊・上瀬由美子　1991　血液型ステレオタイプの認知的側面と感情的側面　日本グループ・ダイナミックス学会第39回大会発表論文集，107

Quebec nationalist movement: The cognition-emotion distinction and the personal-group deprivation issue. *Journal of Personality and Social Psychology*, **44**, 526-535.

Hamilton, D.L., & Gifford, R.K. 1976 Illusory correlation in interpersonal perception: A cognitive basis of stereotypic judgments. *Journal of Experimental Social Psychology*, **12**, 392-407.

Harber, K.D. 1998 Feedback to minorities: evidence of a positive bias. *Journal of Personality and Social Psychology*, **74**, 622-628.

Hewstone, M., & Brown, R. 1986 Contact is not enough: An intergroup perspective on the 'contact hypothesis'. In M.Hewstone, & R.Brown, (Eds.), *Contact and conflict in intergroup encounters* (Pp.1-44). Oxford: Basil Blackwell.

Hogg, M.A., & Abrams, D. 1988 *Social identitfications: A social psychology of intergroup relations and group processes.* Routledge.（吉森　護・野村泰代（訳） 1995 社会的アイデンティティ理論——新しい社会心理学体系化のための一般理論　北大路書房）

Horowiz, E.L., & Howotiz, R.E. 1938 Development of social attitudes in children. *Sociometry*, **1**, 301-338.

Hovland, C., & Sears, R.R. 1940 Minor studies in aggression: VI. Correlation of lynchings with economic indices. *Journal of Psychology*, **9**, 301-310.

Ickes, W. 1984 Compositions in black and white: Determinants of interaction in interracial dyads. *Journal of Personality and Social Psychology*, **47**, 330-341.

池田謙一　1993　社会のイメージの心理学——ぼくらのリアリティはどう形成されるか　サイエンス社

Judd, C.M., & Park, B. 1993 Definition and assessment of accuracy in social stereotypes. *Psychological Review*, **100**, 109-128.

Jones, E.E., Farina, A., Hastorf, A.H., Markus, H., Miller, D.T., & Scott, R.A. 1984 *Social stigma: The psychology of marked relationships.* New York: Freeman.

上瀬由美子　2001　視覚障害者一般に対する態度——測定尺度の作成と接触経験・能力認知との関連　江戸川大学紀要〈情報と社会〉, **11**, 27-36.

上瀬由美子　1994　血液型ブーム　松井　豊（編）ファンとブームの社会心理　Pp.167-183.　サイエンス社

上瀬由美子・小田浩一・宮本聡介　2002　視覚障害者に対するステレオタイプの変容——電子メールを用いたコミュニケーションを介して　江戸川大学紀要〈情報と社会〉, **12**, 91-100.

上瀬由美子・松井　豊　1996　血液型ステレオタイプの変容の形——ステレ

Handbook of motivation and cognition (Vol. 3, Pp.423-464). New York: Guilford.
Devine, P.G. 1989 Stereotypes and prejudice: Their automatic and controlled components. *Journal of Personality and Social Psychology*, **56**, 5-18.
Devine, P.G., & Monteith, M.J. 1993 The role of discrepancy associated affect in prejudice reduction. In D.M.Mackie, & D.L.Hamilton (Eds.), *Affect, cognition, and stereotyping: Interactive processes in intergoup perception* (Pp.317-344). San Diego: Academic Press.
Devine, P.G., Monteith, M.J., Zuwerink, J.R., & Elliot, A.J. 1991 Prejudice with and without compunction. *Journal of Personality and Social Psychology*, **60**, 817-830.
Eberhardt, J.L., & Fiske, S.T. 1996 Motivation individuals to change: What is a target to do? In C.N.Macrae, C.Stangor, & M.Hewstone (Eds.), *Stereotypes and Stereotyping* (Pp.369-415). New York: Guilford Press.
Fisk, S.T. 1993 Controlling other people: The impact of power on stereotyping. *American Psychologist*, **48**, 621-628.
Fisk, S.T. 1998 Stereotyping, prejudice, and discrimination. In D.T.Gilbert, S.T.Fiske, & G.Lindzey (Eds.), *Handbook of Social Psychology* (4th ed., Vol. 2, Pp.357-411). New York: McGraw-Hill.
Fiske, S.T., & Neuberg, S.L. 1990 A continuum of impression formation, from category-based to individuating processes: Influences of information and motivation on attention and interpretation. In M.P.Zanna (Eds.), *Advances in experimental social psychology*, (Vol. 23, Pp.1-74). Academic Press.
Fromm, E. 1941 *Escape from freedom*. New York.（日高六郎（訳） 1965 自由からの逃走 東京創元社）
Gaertner, S.L., & Dovidio, J, F. 1986 The aversive form of racism. In J.F.Dovidio, & S.L.Gaertner (Eds.), *Prejudice, Discrimination, and Racism* (Pp.61-89). New York: Academic Press.
Gaertner, S.L., Mann, J., Murrell, A., & Dovidio, J.F. 1989 Reducing intergroup bias: The benefits of recategorization. *Journal of Personality and Social Psychology*, **57**, 239-249.
Gilbert, D.T., & Hixon, J.G. 1991 The trouble of thinking: Activation and application of stereotypic beliefs. *Journal of Personality and Social Psychology*, **60**, 509-517.
Goffman, E. 1963 *Stigma; Notes on the management of spoiled identity*. Prentice-Hall, Inc.（石黒 毅（訳） 1970 スティグマの社会学——烙印を押されたアイデンティティ せりか書房）
Guimond, S., & Dubé Simard, L. 1983 Relative deprivation theory and the

Brown, R.J., & Turner, J.C. 1979 The criss-cross categorization effect in intergroup discrimination. *British Journal of Social and Clinical Psychology*, **18**, 371-383.
Cohen, C.E. 1981 Person categories and social perception: Testing some boundaries of the processing effects of prior knowledge. *Journal of Personality and Social Psychology*, **40**, 441-452.
Collins, A.M., & Loftus, E.F. 1975 A spreading activation theory of semantic processing. *Psychological Review*, **82**, 407-428.
Cook, S.W. 1985 Experimenting on social issues: The case of school desegregation. *American Psychologist*, **40**, 452-460.
Crandall, C.S. 1994 Prejudice against fat people: Ideology and self-interest. *Journal of Personality and Social Psychology Bulletin*, **21**, 882-894.
Crocker, J., Major, B., & Steele, C. 1998 Social stigma. In D.T.Gilbert, S.T.Fiske, & G.Lindzey (Eds.), *Handbook of Social Psychology* (4th ed., Vol. 2, Pp.504-553). New York: McGraw-Hill.
Crocker, J., & Major, B. 1989 Social stigma and self-esteem: The self-protective properties of stigma. *Psychological Review*, **96**, 608-630.
Crocker, J., Cornwell, B., & Major, B. 1993 The stigma of overweight: Affective consequences of attributional ambiguity. *Journal of Personality and Social Psychology*, **64**, 60-70.
Crocker, J., Voelkl, K., Testa, M., & Major, B. 1991 Social stigma: The affective consequences of attributional ambiguity. *Journal of Personality and Social Psychology*, **60**, 218-228.
Crosby, F.J. 1982 *Relative deprivation and working women*. New York: Oxford University Press.
Darley, J.M., & Gross, P.H. 1983 A hypothesis-confirming bias in labeling effects. *Journal of Personality and Social Psychology*, **44**, 20-33.
Dépret, E.F., & Fiske, S.T. 1996 Social cognition and power: Some cognitive consequences of social structure as a source of control deprivation. In G.Weary, F.Gleicher, & K.Marsh (Eds.), *Control motivation and social cognition* (Pp. 176-202). New York: Springer.
Deschamps, J.C., & Brown, R.J. 1983 Superordinate goals and intergroup conflict. *British Journal of Social Psychology*, **22**, 189-195.
Deutsch, M. 1949 A theory of cooperation and competition. *Human Relations*, **2**, 129-152.
Devine, P.G., Evett, S.R., & Vasquez-Suson, K.A. 1996 Exploring the interpersonal dynamics of intergroup contact. In R.M.Sorrentino, & E.T.Higgins (Eds.),

引用文献

Adorno, T.W., Frenkel-Brunswick, E., Levinson, D.J., & Stanford, R.N. 1950 *The authoritarian personality*. New York: Harper.

Allport, G.W. 1954/1979 *The nature of prejudice*. New York: Doubleday Anchor Books.（原谷達夫・野村. 昭（訳） 1968 偏見の心理 培風館）

Aronson, E. 1992 *The social animal* (6th ed.). New York: W.H.Freeman and company.

Aronson, E., Stephan, C., Sikes, J., Blaney, N., & Snapp, M. 1978 *The jigsaw classroom*. Beverly Hills, CA: Sage Publications.

Aronson, J., Quinn, D.M., & Spencer, S.J. 1998 Stereotype threat and the academic underperformance of minorities and women. In J.K.Swim, & C.Stangor (Eds.), *Prejudice: The target's perspective* (Pp.83-103). San Diego: Academic Press.

Bargh, J.A., & Pietromonaco, P. 1982 Automatic information processing and social perception: The influence of trait information presented outside of conscious awareness on impression formation. *Journal of Personality and Social Psychology*, **43**, 437-449.

Blair, I.V., & Banaji, M.R. 1996 Automatic and controlled processes in stereotype priming. *Journal of Personality and Social Psychology*, **70**, 1142-1163.

Brewer, M.B., & Miller, N. 1996 *Intergroup Relations*. Brooks/Cole Publishing Company.

Brewer, M.B., & Miller, N. 1984 Beyond the contact hypothesis: Theoretical perspectives on desegregation. In N.Miller, & B.Miller (Eds.), *Groups in contact: The psychology of desegregation* (Pp.281-302). New York: Academic Press.

Brewer, M.B. 1988 A dual process model of impression formation. In T.K.Srull, & R.S.Wyer, Jr. (Eds.), *Advances in social cognition* (Vol. 1, Pp.1-36). Hillsdale, NJ: Lawrence Erlbaum Associates.

Brophy, J.E., & Good, T.L. 1970 Teachers' communication of differential expectations for children's classroom performance: Some behavioral data. *Journal of Educational Psychology*, **61**, 365-374.

Brown, R. 1995 *Prejudice: Its social psychology*. Oxford: Blackwell Publishers.（橋口捷久・黒川正流（編訳） 1999 偏見の社会心理学 北大路書房）

著者略歴

上《かみ》瀬《せ》由《ゆ》美《み》子《こ》

1988年　日本女子大学文学部卒業
1993年　日本女子大学大学院文学研究科博士課程後期単位取得退学
現　在　立正大学心理学部教授　博士（文学）
専　攻　社会心理学

主要著書

対人心理学の最前線（共著）
ファンとブームの社会心理（共著）
現代の若い母親たち（共著）
ジェンダーの発達心理学（共著）
社会と人間関係の心理学（共著）

セレクション社会心理学ー21
ステレオタイプの社会心理学
――偏見の解消に向けて――

2002年２月25日©　初　版　発　行
2020年10月10日　初版第９刷発行

著　者　上瀬由美子　　発行者　森平敏孝
　　　　　　　　　　　印刷者　杉井康之
　　　　　　　　　　　製本者　小西惠介

発行所　**株式会社　サイエンス社**
〒151-0051　東京都渋谷区千駄ヶ谷１丁目３番25号
営業　☎(03) 5474-8500(代)　振替00170-7-2387
編集　☎(03) 5474-8700(代)
FAX　☎(03) 5474-8900

印刷　株式会社ディグ　　製本　ブックアート

ISBN4-7819-1005-X

PRINTED IN JAPAN